Guia d'acompanyament ~~professional a les~~ famílies a l'inici de la vida del nadó.

Des de l'embaràs fins als 4 mesos.

Associació Nadocat

Amb el suport de:

Col·legi Oficial de
Psicologia de Catalunya

Títol: Guia d'acompanyament emocional a les famílies a l'inici de la vida del nadó. Des de l'embaràs fins als 4 mesos.
Edició: Octubre 2023
Associació Nadocat
Av. Industria 11, 3r Pta B
08960 Sant Just Desvern
www.nadocat.org
info@nadocat.org

Il·lustració:
 Teresa Tolosa

Revisió:
 Natàlia Fernàndez Gallego - Plataforma per la Llengua

A totes les mares i a tots els pares
que amb tot l'amor i confiança
inicien el camí de tenir un fill

AUTORIA

Grup de treball representant a l'Associació Nadocat i format pels següents autors:

Marcel Cortada Esteve (Coordinador)

Doctor en psicologia. Psicoterapeuta perinatal. Molts anys treballant en l'acompanyament de dones des de l'embaràs i fins els 3 anys de l'infant (Preinfant-ABD), així com també de famílies a la Unitat de Neonatologia de l'Hospital de Sant Pau i atenció a nens al CSMIJ de Sant Andreu (FETB). President de Nadocat.

Mireia Lanaspa Pérez

Psicòloga General Sanitària i Perinatal. Coordinadora del Grup de Treball de Psicologia Perinatal del COPC. Molts anys treballant a l'espai familiar Petit Drac (ABD). Assessorament des de l'embaràs fins els tres primers anys de criança - Atenció hospitalària i domiciliària. Membre de Nadocat.

Mercè Leonhardt Gallego (Coordinadora)

Psicòloga. Pionera de l'Atenció Precoç en infants cecs i amb dèficit visual a Catalunya i Espanya. Coordinadora de programes internacionals d'Atenció Primerenca de la Fundació Ramón Martí Bonet contra la ceguesa. Membre de la Junta de Nadocat.

Antònia Llairó Canal

Psicòloga Clínica, Psicoanalista SEP-IPA. Membre Nadocat. Especialització Perinatal UNIL-EPFL. Docent del Títol d'Expert Universitari en Psicologia Perinatal i Salut Materno-Infantil. Universitat Blanquerna-Ramon Llull. Directora Clínica Bruc Salut.

Àfrica Miquel Zurita

Psicologa-Psicoterapeuta. Molts anys treballant en l'acompanyament de famílies a la Unitat de Neonatologia de l'Hospital de Sant Pau i atenció a nens al CDIAP de Gràcia i CSMIJ de Gràcia i Sant Andreu (FETB). Membre de Nadocat.

Montserrat Monterde Martínez

Psicologa, Psicoterapeuta i Psicomotricista. Molts anys treballant a un CDIAP. Grups de mares lactants. EMDR - Atenció situacions traumàtiques. Membre de la Junta de Nadocat.

Isabel Ridaura Pastor

Doctora en psicologia. Psicòloga especialista en atenció precoç i psicologia perinatal. Investigadora del Grup de Recerca Pedagogia Hospitalària en Neonatologia i Pediatria. Molts anys treballant a un CDIAP del Maresme i actualment a un Centre d'Atenció Primària. Membre de Nadocat.

INDEX

I en acabar cada Capítol:

Buscant respostes: ....

- Què significa consultar un professional
- Quan cal consultar
- Motius per consultar
- A qui cal consultar

PRESENTACIÓ

Les mares i els pares, quan neix el seu fill o filla, senten moltes emocions i preocupacions davant d'una situació nova i molt intensa que genera per primera vegada, sentiments molts diferents.

El fill -el vostre fill o filla- està en camí, o ja el teniu en braços, i aleshores una gran alegria us envaeix, el mireu i us sembla quasi impossible que ja sigui amb vosaltres. Mireu la cara, les mans, els peus, en compteu els ditets, els progenitors us pregunteu a qui s'assembla, tot és nou, tot està per preguntar, per anar fent i anar acompanyant el seu creixement, i cal temps per poder respondre, per pensar i poder donar les millors respostes que l'infant necessita.

Durant la gestació, el part i els primers moments de criança, heu sentit moltes alegries barrejades amb la preocupació perquè es nodreixi bé. També s'originen qüestions sobre el perquè dels plors o les hores de son (dorm poc o dorm massa), i altres aspectes que van apareixent al llarg del creixement.

Algunes vegades, també sorgeixen dificultats en la gestació o el part, el nadó neix abans de temps o apareix algun esdeveniment inesperat i es viuen moments que omplen espais de dolor en el cor.

Aquesta guia té com a objectiu estar al vostre costat, mares, pares i persones cuidadores, en situacions que plantegen preguntes o que us preocupen i que necessiteu respostes. En aquest treball que us oferim, l'equip especialista desitja acompanyar-vos des de la gestació fins als

XI

primers quatre mesos del bebè per il·luminar-vos els moments foscos i ajudar-vos a pensar. Si davant d'una situació, nova o confusa, sou capaços d'observar i intentar entendre i comprendre què passa, tant des d'un mateix com, i molt especialment, des dels sentiments de l'infant, a poc a poc anireu trobant bones respostes per als vostres fills i filles.

Tot necessita el seu temps, el vostre amor i la vostra intuïció, sempre pensant que voleu el millor per al vostre fill o filla, us ajudaran en la tasca de criança.

I, per últim, gràcies a tothom per l'atenció que us puguin merèixer aquestes pàgines d'aproximació a la realitat que esteu vivint.

M. Leonhardt

Nota: Davant dels diferents tipus de família que tenim a la nostra societat, formades per un pare i una mare o per famílies monoparentals o per dues mares, dos pares, avis, àvies o persones cuidadores, en aquesta guia ens referirem sempre a la mare, pare o cuidador principal en femení. Resulta més entenedor quan parlem de la funció maternal, és a dir, la persona que ha de tenir cura del nadó i pensa en el seu benestar. També ens referim al nadó o al bebè en masculí per tal de diferenciar-lo millor en el document.

EMBARÀS

Per: Antònia Llairó

El desig de tenir un fill representa sovint el que consolida i dona sentit a la parella. El desig d'esdevenir mares i pares inicia un llarg camí que ens porta alegria, incertesa, preocupació i dubtes. És una etapa en la qual la parella afronta molts canvis físics i psíquics. Preparar-se per aquests canvis requereix poder accedir a informació contrastada i fiable.

El que permet prevenir, i alhora constitueix un dels objectius d'aquesta guia, és informar i donar elements per informar-se.

El projecte de tenir un fill avui en dia està cada cop més calculat i planificat. La concepció sovint es programa per tal que el naixement sigui compatible amb els projectes professionals de la parella o s'adapta a les noves tècniques de reproducció. Sempre en la concepció i gestació d'un bebè cal atendre les emocions de manera primordial.

L'embaràs és un moment de gran transformació física i emocional. La dona es prepara per una etapa que demana adaptació i comporta vulnerabilitat emocional.

La capacitat de l'embarassada i de la dona en el postpart d'estar més en contacte amb els seus sentiments i la seva infància s'anomena transparència psíquica. Aquesta capacitat és cabdal per connectar amb si mateixa i el bebè i alhora facilita que l'ajut psicològic en aquesta etapa sigui altament efectiu.

Durant l'embaràs i el part, la dona és més fràgil. Ha de fer front a molts canvis i a un grau d'estrès elevat. L'estrès durant l'embaràs no ajuda la mare ni el bebè. Preparar-se per ser mare és un procés psíquic molt intens. Amb l'arribada del bebè, la futura mare es troba confrontada a un augment de responsabilitats i a canvis en les condicions de vida i de treball. Cal consultar un professional psicòleg perinatal o psiquiatra infantil quan sentim/sentiu:

- Dificultat per expressar i verbalitzar les emocions.
- El ressorgiment de problemàtiques infantils o adolescents.
- Una tensió o estrès massa elevats.

L'home també pateix una crisi d'identitat quan esdevé pare, vinculada al moviment emocional de la paternitat, al seu nou rol i a la responsabilitat que sent com a pare. Observa els canvis físics de la seva parella, habitada per un petit ésser invisible, pateix perquè no sap com serà ell com a pare i quin serà el seu lloc quan neixi el bebè. El pare pot patir depressió postpart com la mare. Estar present en la preparació a la paternitat i a la maternitat l'ajudarà a assumir la seva nova identitat. La formació de la identitat de pares en l'embaràs inclou tant la mare com el pare.

La complexitat del seguiment mèdic de l'embaràs és creixent, amb més possibilitats d'afinar els cribratges i facilitar informació. L'impacte psicològic del diagnòstic prenatal necessita ser atès i contingut per un professional, ja que sovint augmenta la incertesa i comporta llargs períodes d'espera.

Poder imaginar i pensar com vols que sigui la relació amb el teu fill, juntament amb la teva parella, és un factor de protecció que afavoreix el vincle entre la mare i el bebè i la nova vida de parella de pares.

Una consulta a un professional de salut mental perinatal permet fàcilment esvair preocupacions que ens poden interferir, com ara les següents, recollides en la nostra experiència:

- «Darrerament em sento molt despistada, poc atenta a coses pràctiques».
- «Sovint em pregunto si la meva parella serà competent com a pare».
- «No sé com imaginar un segon fill, si penso que li resto atenció al gran».
- «El bebè serà algú que m'esgotarà i ja no serem la parella d'abans?».
- «Tinc tristesa perquè crec que tenir un fill implica renunciar a la meva felicitat o a la meva independència».
- «Després del part ja no tindré vida pròpia. La meva mare també es va sacrificar per mi!».

Sovint, les inquietuds per aquestes i altres qüestions formen part del procés d'adaptació i transició a la parentalitat. Com a parella, una consulta amb professional de la psicologia perinatal us pot ajudar a aclarir i esvair els vostres dubtes: és la higiene emocional indispensable per anar-vos preparant per a aquesta nova etapa: la parentalitat.

Fent aquest tipus de consulta, feu prevenció per a preocupacions majors que poden interferir en la vostra vida com a parella i en la relació amb el bebè, que està present ja en el vostre dia a dia, que es mobilitza quan la mare descansa i es fa sentir. El futur bebè s'activa quan arriba la teva parella i espera ser acariciat per la mare i el pare en un moment de retrobament a través del tacte i de la veu de tots dos. Aproximadament cap a la meitat de l'embaràs la veu, el tacte i el contacte són moments essencials de comunicació amb el bebè. El seu ritme cardíac i el seu metabolisme s'acomoden al teu. La teva veu és el primer objecte sonor per al nadó i les cançons (de bressol) que li cantis li permetran reconèixer la veu de la mare ja abans de néixer. Els vostres somnis i els vostres dubtes en aquestes situacions tenen un gran valor comunicatiu. Poder-los explicar a un professional us ajudarà a elaborar les ansietats i els neguits, per tal d'arribar al naixement amb més recursos emocionals.

La qualitat de la relació de parella -si és harmoniosa, amb espai de diàleg i de poder compartir els afectes i tractar les tensions- és un element protector en la gestació. La parella es reconstitueix i es prepara per definir nous rols. Aquests canvis poden comportar dificultats, conflictes o malentesos. És important el suport familiar de mares, germanes i amigues. No cal que hi siguin presents de forma concreta, però sí que és important poder sentir el seu recolzament.

La relació amb la mare pròpia, amb el pare i la qualitat d'aquesta relació tenen un paper preventiu. La percepció d'haver tingut una bona relació amb els propis progenitors en la infantesa i haver rebut atenció i afecte predisposa a una bona relació amb el futur bebè.

La participació en grups de preparació al part, especialment aquells que tenen en compte els aspectes psicològics, s'ha manifestat com un factor de protecció.

Preparar el niu físic i emocional és de gran valor preventiu. Poder comunicar els dubtes, confiar les pors davant un moment tan rellevant de la vida, ens ajuda a sentir la confiança i el recolzament de tots: familiars, amics i professionals.

Parlar amb un psicòleg perinatal dels teus neguits i ansietats en relació amb el part i la criança del teu bebè és indicador de bona salut mental. La preocupació pel part i les primeres hores de vida del nadó implica trobar maneres noves de comprendre i tractar les situacions també noves. Els somnis de la gestant abans del part també ajuden a metabolitzar les ansietats pròpies del part i afavoreixen el desenvolupament saludable.

Sovint, com a nous mares i pares, us trobeu poc valorats i mancats de confiança en vosaltres mateixos. Rebeu missatges contradictoris. A vegades, es valoren més les recomanacions que la vivència pròpia i el sentit comú. Aprendre a escoltar-se i afinar aquesta escolta dins de la parella o de forma individual és part del treball de consulta amb un expert professional de salut mental perinatal i us pot ajudar a escoltar-vos, a construir la vostra identitat com a mares i pares i a comprendre que sou vosaltres els que millor podeu entendre el vostre fill.

BUSCANT RESPOSTES

Ser mares i pares és una gran aventura que comporta una crisi existencial i canvis importants en cada persona, perquè cal replantejar-se la identitat. Sovint en la dona es manifesta amb ansietat, tristesa i pèrdua de confiança en si mateixa.

El sofriment psíquic és un senyal d'alarma útil, igual com ho és el sofriment físic. Permet consultar, tractar i guarir.

Què significa consultar un professional:
- És demanar una opinió, compartir dubtes i interrogants per tal de poder-los pensar i entendre'ls millor, tant pel que fa al nadó com a l'adult.
- Consultar vol dir poder parlar de les emocions que ens envaeixen i, acompanyats, trobar els nostres recursos.

Quan cal consultar:
- Pèrdua de plaer en molts aspectes de la vida.
- Sentiment de culpa freqüent.
- Pensaments recurrents sobre la mort.
- Desesperança en el futur.

Motius per consultar un professional:
- Em sento malament amb mi mateixa sense motiu.
- Em sento inquieta per l'arribada del bebè i com això afectarà el meu fill gran.
- Coses del passat venen a turmentar-me i no em deixen viure el moment present amb serenor.
- Les meves emocions m'envaeixen i no les entenc.
- Les meves reaccions em sorprenen.

- Vull comprendre millor el que em passa.

A qui consultar:

- Si es tracta d'una primera informació de caràcter general, consulta la teva metgessa de capçalera, llevadora o ginecòloga.
- Si penses que pots estar deprimida o esteu preocupats, un psicòleg o psiquiatra us pot ajudar, però cal tenir en compte que en el període perinatal cal un abordatge específic. Els psicòlegs infantils o perinatals estan més especialitzats i més formats en parentalitat.

Cal parlar-ne i sortir del silenci per prevenir la depressió.

La depressió prepart i postpart es cura!

PART I POSTPART

Per: Isabel Ridaura

Ja s'acosta el moment del part i les mares i els pares us aneu preparant per a l'encontre amb el vostre fill.

El part és un procés fisiològic únic en el qual finalitza la gestació i en el qual estan implicats tant factors psicològics com culturals. És una experiència intensa i transformadora que dona pas a la criança. Es tracta d'una nova etapa vital plena d'emocions i sentiments d'una nova identitat.

Integrar l'experiència de part és una tasca emocional complexa. Les mares i els pares necessiten adaptar-se i preparar-se per a l'encontre amb el bebè. És important estar atents i que l'entorn tingui una actitud d'acompanyament, contenció i cura de la mare, sense pressions.

Probablement us han explicat que durant el part es produeix una cascada d'hormones que influeixen en el procés. Concretament l'oxitocina hi té un paper important, ja que és la que provoca les contraccions de l'úter i facilita el naixement del bebè i l'expulsió de la placenta. Aquesta hormona està també implicada en la inducció de l'amor maternal i en el reflex d'ejecció de llet, per la qual cosa també afavoreix la lactància. És important que sapigueu que l'oxitocina es pot veure inhibida per l'estrès, la por o la percepció de perill, raó per la qual, sempre que les condicions mèdiques ho permetin, és recomanable parir en un entorn segur, íntim, tranquil i tan confortable com sigui possible. Si la mare se sent segura, acompanyada i tranquil·la, el treball de part anirà millor. Les cures centrades a recolzar la parella durant el part afavoreixen els processos fisiològics i augmenten els sentiments de control i confiança en la dona, fet que facilita molt el procés.

Quan s'inicien les contraccions comença un viatge intens i es percep una barreja de sentiments i sensacions, com la por, l'empoderament i el desig de veure el nadó.

Fisiològicament, el part s'estructura en les fases següents: pròdroms, dilatació, transició, expulsiu i deslliurament de la placenta. Al final del procés de dilatació moltes dones pensen que ja no poden més i en aquest moment cal que algú els transmeti seguretat i força per tal que se sentin protegides (fase de transició). Que la dona se senti segura, en un espai d'intimitat, amb la parella o persona que decideixi que millor pot acompanyar-la, és un factor de protecció importantíssim.

Una vegada el nadó ha nascut, es produeix un encontre únic i irrepetible per a les mares i els pares: les primeres mirades són mirades plenes de desconcert, de reconeixement progressiu, més tard d'amor i de necessitat de contacte. És un moment d'alta sensibilitat, de sensacions molt intenses: la mirada, l'escalfor i tacte del cos en abraçar el vostre fill, l'olor, l'escolta i el reconeixement de la vostra veu… Aquest és sens dubte un moment que quedarà gravat en la vostra memòria. Per això és important, en la mesura del possible, que es tingui molta cura d'aquest moment, que requereix intimitat i respecte. És important mantenir al nadó en contacte pell amb pell amb la mare les primeres hores, ja que aquestes són crucials per enfortir el vincle i afavorir la lactància materna, alhora que faciliten la involució uterina i la recuperació fisiològica de la mare.

L'encontre amb el fill no sempre és viscut de la mateixa manera. En alguns casos, després d'una cesària o per possibles efectes de l'anestèsia, esgotament físic i/o psíquic, hi ha mares que necessiten més temps per adaptar-se i fer aquesta transició.

És important que tingueu en compte que els nadons neixen molt immadurs evolutivament, tot i que amb grans capacitats sensorials: la vista els permet la imitació i el coneixement facial des dels primers moments de vida, l'olfacte els permet buscar el pit de la mare, que li ofereix escalfor, aliment, seguretat i l'ajuda a regular-se per facilitar la seva adaptació i vinculació amb vosaltres i amb l'entorn.

Des del punt de vista del nadó, l'arribada al món implica perdre el seu espai protegit dins l'úter i constitueix un canvi a un món nou en el qual ell s'inicia en la respiració pulmonar, la gravetat i la intensitat dels sons i dels sorolls. Per això és important que pugueu afavorir aquesta transició mitjançant el contacte i l'escalfor corporal, que li permetrà reconèixer el batec del cor de la mare i reconèixer la vostra veu en un ambient tranquil i segur. Això afavoreix la seva ubicació en la vinculació i la seva regulació cardiorespiratòria i tèrmica. Alhora, aquest contacte l'ajuda a calmar-se i sentir-se segur.

El postpart és un període de molts canvis i adaptació a les noves necessitats de la mare i el nadó, en un moment especialment sensible i vulnerable emocionalment. Un factor protector, i que podria ajudar, és tenir en compte que els protagonistes d'aquesta etapa són la mare i el nen, i és important que l'entorn tingui cura i doni atenció a les necessitats de tots dos.

En el cas que hagueu optat per la lactància materna sabem que la majoria de nadons als quals se'ls permet seguir el seu instint de busca del mugró, i se'ls dona el temps per fer-ho, aconsegueixen trepar i agafar-se al pit de forma espontània. Guiats per l'olor aconsegueixen prendre el primer aliment, el calostre. Les hores i els dies que segueixen impliquen que es vagi establint l'alimentació.

En arribar a casa, després del part i els primers dies, us enfronteu a la nova realitat i rol de mares i pares. És important que us doneu temps, escolteu i confieu en les vostres habilitats per anar transitant amb calma i tenint en compte les cures que aneu necessitant. El recolzament de familiars i amics per afrontar aquesta nova etapa ha de ser adequat en funció de les vostres necessitats. No hi ha una fórmula preestablerta. Com a parella és important que trobeu el vostre equilibri i us doneu temps per afrontar tot el que va venint, escoltant les vostres necessitats, que potser no són aquelles que havíeu imaginat o previst durant l'embaràs.

Les mares que afronteu la maternitat sense parella us podeu trobar amb moments en que només esteu vosaltres per donar resposta a les necessitats del vostre fill/filla. És important i necessari poder demanar ajuda quan noteu que no arribeu a tot o que us manca cert suport; la família extensa, els avis i àvies, amics i persones del vostre entorn poden donar un suport important. Disposar d'eines d'autocura és primordial, i especialment en aquells casos en que la criança recau en un sol progenitor, ja es corre el risc de sobrecarregar-se.

Les famílies que ja teniu altres fills podeu sentir-vos preocupades per com presentareu el nadó al germà o germana gran de la millor manera possible, perquè aquest se senti implicat i integrat en els canvis familiars que esteu vivint.

La presentació del nadó s'esdevé habitualment a l'hospital, un entorn desconegut i misteriós per als infants. Probablement ja haureu anticipat al llarg de l'embaràs com serà el naixement a l'hospital, ja haureu parlat o pensat en aquest moment de trobada amb el germà i l'haureu implicat en aquest procés. Per tal de facilitar aquesta presentació i encontre amb el nou membre familiar, intenteu buscar una estona en la qual pugueu estar la família sola i disposar de la màxima tranquil·litat i intimitat per acollir aquests canvis que esteu vivint. Pot ser que el fill gran se senti espantat, sorprès o distant quan vegi la mare enllitada o amb les vies/cures hospitalàries. També veurà la seva mare amb la panxa diferent i potser amb signes de cansament, dolor, acompanyada del nadó. És important que pugui veure-us tan aviat com sigui possible per tal de sentir-se més tranquil i integrat en tot el que està passant.

Com a pares, i especialment les mares, pot ser que us sentiu desbordats per les funcions i atencions que a partir d'ara haureu de repartir, per com podreu cobrir les necessitats emocionals de tots els fills equitativament i com us sentireu si no ho aconseguiu. Durant aquests primers mesos el nadó necessita una cura i atenció més intensiva i és bo que pugueu explicar-ho al germà gran i penseu la manera d'implicar-lo activament en el vostre dia a dia. També és important que busqueu estones per compartir amb el germà i donar-li protagonisme o recuperar les rutines que fèieu prèviament i que potser ara no son fàcils de recuperar totalment. El vostre fill pot sentir una barreja de sentiments i emocions, tals com alegria i distància, fer-se molt present o ignorar el germà que acaba de néixer. És bo que els nens puguin expressar les emocions generades per aquests canvis en la vida familiar i personal, de vegades tan ambivalents i confuses. Cada nen ho expressa a la seva manera, necessita temps i és important que els adults puguem acollir les emocions i contenir-les per tal que, a poc a poc, tots plegats us aneu adaptant als canvis que esteu vivint com a família.

Algunes mares poden sentir-se tristes o experimentar pena o cert dol per haver deixat enrere la vida independent, la vida de parella sense fills, l'embaràs... També és freqüent sentir-se molt cansada, tenir un estat d'ànim variable i sentir certa estranyesa pels canvis que es van experimentant en el cos. De vegades són els pares qui senten sentiments contradictoris o dificultats per trobar el seu lloc o se senten exclosos. Poder expressar els dubtes i les pors amb l'entorn, la parella i/o professionals pot resultar de gran ajuda.

La mare ha de poder plorar en algun moment en els primers dies postpart i això és un indicador de bona salut emocional, de bon contacte amb el fill i d'una transició adequada cap a la maternitat. Hi ha un dol per l'etapa que queda enrere i, a poc a poc, s'anirà establint la regulació progressiva del bebè i dels ritmes familiars en la interacció durant els dos primers mesos de vida. Respectar les necessitats i els ritmes de cada família és importantíssim per acompanyar i cuidar l'alimentació i el son de l'infant i transmetre seguretat per afrontar la parentalitat, tenint en compte que és un procés que requereix temps i implica canvis psíquics importants.

BUSCANT RESPOSTES

El part és un procés fisiològic i una experiència psicològica intensa i transformadora, en el que s'alliberen hormones que incideixen de manera important en la vinculació mare-bebè i la lactància. Per això és molt important propiciar el part en un entorn segur, íntim, tranquil i el més confortable possible.

Quan el nadó està fora del ventre matern es produeix un encontre únic en un moment d'alta sensibilitat, que requereix intimitat i respecte i que es veurà altament afavorit si s'evita la separació de la mare i el fill. El procés de vinculació i l'adaptació a la maternitat i paternitat no és viscut sempre igual i pot ser que alguns pares necessitin més temps per fer aquesta transició o requereixin ajuda.

Buscar ajuda d'un professional especialitzat en l'àmbit perinatal us ajudarà a entendre el què us passa i un acompanyament en el procés de vinculació i criança, des de la satisfacció, l'acceptació i el respecte. Escoltar i intervenir en les dificultats emocionals perinatals, com més aviat millor, us facilitarà l'adaptació com a pares i afavorirà el bon desenvolupament del vostre fill.

Quan cal consultar:
- Si percebeu que la situació us ha desbordat o sobrepassat.
- Si percebeu que el vostre estat d'ànim, les vostres inseguretats o les vostres pors estan interferint en el vincle amb el vostre fill o dificulten de manera important el vostre dia a dia.
- Si us sentiu desconnectats i amb sensació d'estranyesa vers el vostre fill, si no podeu respondre a les necessitats del nadó i aquestes preocupacions es perllonguen en el temps (més enllà de

les quatre setmanes) o us fan sentir molt culpables, tristes o inclús deprimides.

- Si algun dels vostres fills manifesta dificultats importants per adaptar-se a l'arribada del germà petit i als canvis familiars o si percebeu que presenta un malestar important i necessiteu ajuda.

Motius per consultar:

- He passat per un part complicat i em sento desbordada, sobrepassada per la situació.
- L'encontre amb el meu fill no s'ha pogut establir o s'ha vist interferit de manera important.
- No m'acabo de vincular amb el meu nadó.
- Em sento trista, amb apatia i molta ansietat.
- Tenim pors i inseguretats davant aquest nou rol com a mares i pares, que no ens permeten respondre a les necessitats del nostre fill.
- Em sento estranya i desconnectada durant setmanes i crec que m'està interferint de manera important en el meu dia a dia.

A qui consultar:

- Participar en grups de preparació al part per entendre tant la fisiologia com els aspectes emocionals us ajudarà a sentir-vos més segures i segurs per afrontar el part.
- Preparar el pla de part juntament amb la vostra parella us ajudarà a preparar-vos i a apropar-vos emocionalment al moment i pensar en recursos o actuacions en cas que apareguin obstacles o dificultats. Us aportarà seguretat i us ajudarà a desplegar diferents alternatives.
- Fer contacte pell amb pell i evitar la separació entre la mare i el nadó des del primer moment afavorirà el vincle, la regulació

mare-nadó i la lactància materna. En aquells casos en què no es pugui fer el contacte pell amb pell immediat (per intubacions, necessitat de ventilació o complicacions mèdiques), intenta establir-lo una vegada s'hagi estabilitzat la salut de l'infant.

- Connecta amb altres mares i pares i participa en grups d'acompanyament al postpart.

- Demana ajuda al pediatre o la infermera pediàtrica o la llevadora, o bé contacta amb un grup de suport a la lactància materna si l'alletament et resulta difícil, sents dolor, ansietat, o tens por de no estar oferint prou aliment, o tens complicacions com mastitis o clivelles al mugró.

- Consulta el pediatre si tens un altre fill i hi ha aspectes que et preocupen o apareixen aspectes regressius que interfereixen el seu desenvolupament.

FAMÍLIES D'INFANTS PREMATURS

Per: Marcel Cortada

Ja heu arribat a casa després d'un munt de coses superades: potser un embaràs complicat, un repòs llarg, un part massa aviat, haver donat a llum un nadó immadur, una estada en l'hospital on s'han patit incerteses, pors i esperances, una gestació múltiple i ara, a casa, no hi han tornat tots...; o si teniu un altre fill més gran, havíeu de marxar de casa i heu estat poc amb ell; o potser també el repte de fer equip amb la parella perquè el patiment ha posat a prova aquesta aliança.

Ara ja sou a casa. Potser sentiu l'alegria del dia tan desitjat i alhora la por de no tenir l'entorn protector de la unitat de neonatologia. Així doncs, ara comença una nova aventura, però es fa amb un bon equipament: durant l'estada a l'hospital s'han après les cures que necessita un nadó, coneixeu quines coses reconforten el vostre fill, quines li desagraden...

Ara que ja el teniu a casa, ja no us en separareu, ja dorm amb vosaltres. Per tant, queda enrere el cansament d'estar a l'hospital i haver de marxar a una casa on el bressol romania buit. Però ara, superada aquesta etapa, com us sentiu? Com us organitzareu amb un infant tan petitó, encara que hagin passat dies o setmanes o mesos? Quines necessitats tindrà? Us pregunteu si ho fareu bé?

Són moments en què els sentiments poden interferir en la trobada amb el vostre fill. Per exemple: el dia a dia pot implicar gaudir plegats o retreure's que això que ha passat es podia haver evitat. Encara et sents culpable? A la unitat de neonatologia el pesaven cada dia i us deien com progressava; ara dubteu si el podreu seguir alimentant amb la confiança que anirà bé, sense centrar-vos només en el seu pes. Heu estat dies en què les infermeres o els aparells vigilaven que tot estigués bé. Estant a casa teniu més por que s'ennuegui o que deixi de respirar?

Heu estat tant de temps separats que potser ara sempre voleu que estigui amb vosaltres o la mare no vol que ningú més l'agafi i teniu dubtes si l'esteu malcriant. O potser és un nadó tan petit que encara us costa reconèixer que és fill vostre i això et fa sentir mala mare.

La insistència del personal sanitari perquè us rentéssiu bé les mans, les bates, les mascaretes o els avisos perquè anéssiu amb compte amb la gent que s'hi acosta o els espais per on es mou... Aquestes condicions potser us allunyen dels vostres familiars o no us deixen gaudir del dia a dia a causa de les preocupacions.

És prematur, immadur, ha patit per estar tan aviat fora de la panxa. Això farà que tingui problemes de desenvolupament? Que no sigui més intel·ligent? Quants neguits, quants dubtes, quantes preguntes. Això és el camí de ser mares i pares, i més si l'inici ha estat molt diferent del que s'esperava. Però ser mares també és la confiança en vosaltres i en el vostre fill, gaudir del camí que feu junts, tot i les incerteses que apareguin, confiant en les capacitats de cadascú i en l'amor que anirà creixent a cada pas. Si podem viure d'aquesta manera el fet de tenir un fill prematur, podrem estar més atents a quins missatges ens dona el nostre fill i així adaptar-nos-hi: si el mirem o li diem cosetes, donar-li el seu temps per respondre; o si aquesta situació és curta perquè es cansa de seguida, no cal insistir i podem anar fent pauses per ajudar-lo a refer-se de l'esforç... I així també veurem que, més endavant, podrà estar més estones atent i que no necessitarà tantes pauses.

De mica en mica l'anirem coneixent més. A l'inici potser us resulta molt difícil esbrinar com està o què li passa perquè no somriu o perquè no plora, però si deixeu els neguits a un costat, podreu anar descobrint què us transmet.

Serà un camí més costós i llarg que el d'altres mares i pares. En haver nascut abans, s'haurà de cuidar durant més temps un nadó petitó i no el podrem comparar amb els nadons nascuts a terme, ja que haurem de corregir l'edat. Però si tot ha anat bé, ell també anirà progressant al seu ritme. I vosaltres, com a mares i pares, també anireu retrobant-vos amb ell, al vostre ritme.

Per acabar aquest apartat, diríem que si us depassa la situació, si en arribar a casa us cau el món a sobre i no teniu forces per cuidar el vostre fill, o l'angoixa i les pors us atabalen, o si només esteu pendents del pes i que mengi així que plora, o veieu que us heu anat aïllant de la parella, de l'entorn familiar o social, perquè sentiu que no us comprenen i només us qüestionen, pot ser recomanable demanar i buscar ajuda.

BUSCANT RESPOSTES

Ser pares d'un infant que va néixer massa petit o massa aviat suposa haver passat per una experiència que pot tenyir la vostra relació amb l'infant. A partir de la relació que es construeixi en aquests inicis, el camí de tota la família es veurà influït, podent ser un camí vers la felicitat o vers el patiment i l'angoixa.

Ara és el moment d'encarrilar aquest camí i fer que sigui tan emocionalment estable i sa com sigui possible. Per això, cal saber quan els neguits, les pors o els sentiments són d'un caire o d'una intensitat que cal rebre el confort de l'ajuda.

Quan cal consultar:

- Quan ens centrem en el menjar, el pes o la higiene i no podem gaudir del joc o d'aspectes essencials de la relació amb el nadó.
- Quan ens sentim mala mare i/o que no estimem aquest infant.
- Quan la por i l'angoixa ens dominen i no el podem atendre amb tranquil·litat i serenor.
- Quan ens sentim febles i tristes, sense ganes de lluitar més, i no tenim forces per cuidar el nostre nadó.
- Quan ens estem aïllant del nostre entorn (parella, pares o sogres...) perquè sentim que no ens entenen o que farien coses que posen en risc l'infant.
- Quan no ens podem centrar en el nostre fill o filla perquè només pensem en aquell que no hi és.

Motius per consultar un professional:

- Em sento malament amb mi mateixa i amb els altres.

- Em sento molt culpable pel que li ha passat al meu infant.

- No em puc acostar al meu nadó perquè veig que és el culpable del que m'ha passat.

- Sento que no em puc separar ni un moment del nadó ni puc deixar-lo amb algú altre.

- Em preocupa molt com estimular-lo per tal que no es vegi afectat el seu desenvolupament.

Què significa consultar un professional:

És demanar una opinió, compartir dubtes i interrogants per tal de poder-los pensar i entendre'ls millor, tant pel que fa a l'infant com a l'adult.

A qui consultar:

Si es tracta d'una primera informació de caràcter general, es pot consultar el pediatre o la infermera pediàtrica, o anar a un CDIAP (Centre de Desenvolupament Infantil i d'Atenció Precoç), o a un psicòleg o psiquiatra infantil o per adults, que són professionals sanitaris.

Si penses que pots estar deprimida/deprimit o et sents envaïda per certs sentiments, un psicòleg o psiquiatre és qui millor et pot ajudar. De tota manera, cal tractar el període perinatal de forma específica, com ja hem dit a pàgines anteriors.

Cal parlar-ne i sortir del silenci per prevenir altres dificultats o fins i tot una depressió.

EL VINCLE

Per: Mireia Lanaspa

El tacte és el primer sentit que es desenvolupa en el ventre matern. En el nounat, les zones més sensibles es troben al voltant de la boca, als palmells de les mans i a les plantes dels peus. El nadó reconeix la seva mare per l'aroma i la veu i se sent atret per l'olor de la llet materna. Amb relació al gust, se sap que les papil·les gustatives ja són funcionals abans de néixer. Els bebès prefereixen les veus als sons produïts per objectes o aparells (maraques, joguines o mòbils) i els agraden més els tons aguts i suaus que els greus i forts. Si senten un so, són capaços de girar el cap i els ulls cap al seu origen. Poden veure-hi des del moment del naixement i poden fixar la mirada en una cara o un objecte i seguir-lo. Els serà més fàcil fer-ho en entorns tranquils, amb poca llum i aproximadament a un pam de distància del seu rostre.

L'ambient on neixen els bebès és molt diferent al del ventre matern i per això poden arribar a sentir-se aclaparats per tants estímuls nous. El més semblant al que coneix fins a aquest moment, i que li donarà seguretat, és estar en braços de la seva mare. Recolzat sobre el pit de la mare podrà continuar escoltant el seu cor i percebre la seva olor i escalfor. Durant l'embaràs el bebè també escoltava el pare o la parella de la mare (en cas que n'hi hagi), per la qual cosa també pot sentir-se còmode als seus braços. El portament del nadó en un fulard o en una motxilla adaptada, a més de tenir múltiples beneficis, permet tenir les mans lliures i resulta especialment útil si hi ha germans o germanes als quals també cal atendre. És important que el portabebès sigui ergonòmic.

Des del primer dia, podeu parlar amb el vostre nadó, anticipar-li què succeirà i explicar-li què feu amb relació al seu cos. D'aquesta manera, l'ajudeu a conèixer-se a si mateix i a vosaltres. Durant les cures quotidianes (alimentació, canvi de roba i bolquer, son, bany, etc.), els bebès experimenten moltes sensacions visuals, auditives i tàctils. Quan oferiu aquestes cures al vostre bebè, podeu interaccionar-hi i comunicar-vos-hi per establir-hi vincle. El període durant el qual els bebès solen necessitar molt contacte físic es diu exogestació i dura uns nou mesos.

Sovint es pensa que si un bebè està molt de temps en braços se'l fa dependent dels adults que el cuiden i que després li costarà més separar-se'n, però en realitat succeeix tot el contrari. El fet de tenir una relació d'escolta i en la qual es pot confiar, l'establiment d'un vincle segur, és fonamental per a un desenvolupament emocional saludable. És també el que més endavant li permetrà, tenint els seus adults referents com a base de seguretat, que pugui allunyar-se'n per explorar el món i tornar al seu costat. Resulta important què feu de forma inconscient quan cuideu al vostre bebè, és a dir, com llegiu el seu comportament. Per exemple, si quan el deixeu al bressol comença a plorar, podríeu pensar dues coses: que us "pren el pèl" perquè en realitat no li passa res, o bé que ho fa perquè se sent desprotegit. En funció de la vostra lectura, respondreu d'una forma o d'una altra. Com us relacioneu vosaltres amb el vostre fill marcarà com ho farà ell amb els seus iguals i, en un futur, com actuarà amb els seus fills i filles. Encara que se sap que el cervell matern, i el d'alguns pares, canvia des d'un punt de vista funcional i estructural per atendre el nadó (fet que explica les distraccions i els oblits, a més de ser un indicador de la importància de les cures), és habitual que a la societat occidental no s'atorgui a la criança i al treball de mares i pares, que és diari i invisible, la importància que té. Moltes mares teniu la sensació que "no he fet res en tot el dia" quan heu estat cuidant, cantant, bressolant, alimentant, etc., als vostres petits sense parar. Els pares, per la vostra banda, que sovint no heu tingut referents masculins en temes de criança, heu de buscar el vostre lloc en la tasca d'acompanyament en el seu creixement.

La persona que cuida i atén un bebè o nen petit ha d'estar disponible emocionalment i ha de ser sensible per poder configurar-se com a figura d'aferrament. És important que pugueu comprendre i satisfer les necessitats del nadó i consolar-lo quan calgui. El nounat és una part activa dins del sistema d'interacció amb els cuidadors i, en funció del seu temperament i la seva tendència a respondre a allò que succeeix en el seu entorn, serà més o menys fàcil entendre què necessita. Atès que això pot ser molt frustrant per a tota la família, recordeu que conèixer el vostre bebè implica temps i que podeu anar provant diferents maneres d'interactuar-hi, tot i que una cosa que li agradava o el calmava pot deixar de fer-ho o bé tot al contrari.

També pot succeir que interpreteu erròniament alguns dels seus senyals o que tingueu expectatives poc realistes sobre el seu desenvolupament, com succeeix amb el tema del son, per exemple, ja que tothom espera que els bebès dormin moltes hores, sols i al seu bressol. És el que acostumen a mostrar les pel·lícules i els anuncis, per això us pot donar la sensació que no és normal que el vostre bebè necessiti tant de contacte. Gaudiu d'aquests moments compartits perquè passen molt ràpid. Si en algun moment no sabeu què vol i està inquiet, no patiu: el fet que estigueu al seu costat intentant ajudar-lo a estar millor també és importat i ell ho percep.

Encara que l'inici de la seva vida no sigui el que havíeu planejat a causa, per exemple, d'un ingrés hospitalari o una separació, això no implica que el vincle estigui trencat o que hi hagi problemes de vinculació en un futur. Sovint es parla de l'enamorament en el moment del naixement, però aquest enamorament no sempre es produeix i és important saber que no hi ha pressa ni és necessari forçar res: la vostra relació es va construint amb el temps. Pot ajudar-vos el fet d'estar en un ambient tranquil, evitar al màxim les visites durant els primers dies o durant el temps que considereu necessari, tenir tot el contacte físic que us vingui de gust (tenir el nadó en braços, compartir estones en les quals podeu estar pell amb pell, portar-lo en un fulard o una motxilla adaptada, fer-li carícies i massatges...) i cantar i fer jocs de dits i de falda. Amb relació al massatge, sabem que alguns infants en gaudeixen molt i que d'altres no tant. Com a família podeu anar veient què li agrada més al vostre nadó: una sessió curta, només a certes parts del cos, millor al matí, etc.

La base de les relacions s'estableix durant els tres primers anys, així que teniu molt temps per elaborar i, si fa falta, reparar situacions inesperades tant durant la gestació com en el desenvolupament del part i el postpart.

Finalment, és important tenir presents les necessitats individuals de la mare: estar amb el bebè, tenir intimitat, dedicar temps a l'autocura (algun moment per a tu sola o per fer alguna cosa que t'agrada), tenir suport emocional i logístic, sobretot quan hi ha germans i germanes i feines de la llar, i també tenir suport social, ja que compartir les vivències de la maternitat i paternitat és important per normalitzar, relativitzar, comparar expectatives i desfogar-se. Un servei que permet compartir la criança amb altres mares i pares i amb professionals són els espais familiars que organitzen els ajuntaments.

SEPARACIÓ MARE-BEBÈ

Tant si heu de separar-vos del vostre bebè per incorporar-vos de nou a la feina remunerada com si la separació és deguda a qualsevol altre motiu, és un moment que pot resultar difícil. D'una banda, és possible que vulgueu recuperar una mica el vostre espai i les activitats anteriors al naixement del nadó, però per altra banda segurament el veieu petit i podeu pensar que encara us necessita. En totes les opcions de cura es poden trobar pros i contres, així que cada família ha de fer el que consideri més adequat, segons les seves circumstàncies. Independentment de la decisió que prengueu, és molt probable que tingueu sentiments de culpa, ja sigui per treballar moltes hores fora de casa, per haver de fer torns de nit, per no poder anar-lo a buscar a l'escola bressol o a casa dels avis, per perdre-us instants o fites importants en el seu dia a dia i en el seu desenvolupament quan una altra persona el cuida a casa vostra, etc. També és freqüent que visqueu moments d'un cert malestar si us dediqueu a cuidar-lo vosaltres, perquè encara costa que la criança es consideri una activitat bàsica i podeu arribar a pensar que sou "poc productives" o que el que feu no és important. A grans trets, existeixen dos tipus de culpa: un d'ells ens pot bloquejar i dificulta que puguem avançar, i un altre ens permet adonar-nos de la realitat i, en aquest cas, ens recorda que la separació que hem de portar a terme ha estat una decisió meditada o bé que no teníem cap altra opció.

Els bebès utilitzen els sentits per conèixer i relacionar-se amb el seu entorn. Al principi estan sempre a l'aquí i l'ara i a poc a poc van adquirint noves capacitats. El concepte de permanència de l'objecte, que el bebè sigui conscient que les coses i persones existeixen encara que no les vegi, comença aviat i es va construint al llarg del temps. És important haver estat tan presents com sigui possible i haver establert un bon vincle per facilitar que el vostre fill us tingui en ment i, a la seva manera, entengui que les seves necessitats seran satisfetes. Segur que buscareu la persona i l'espai ideal on el cuidaran mentre no hi sou, tot i que, evidentment, sou insubstituïbles. Si us ve de gust, a mesura que els bebès vagin creixent, podeu fer aquestes activitats relacionades amb aquest concepte de permanència d'objecte:

- Jugar a no hi és/si que hi és (tapar-vos i mostrar-li el vostre rostre al bebè o fer-ho a ell).
- Amagar-vos un instant i aparèixer darrere d'un mocador, tela o cortina.
- Jugar a amagar ninos o altres objectes dins de caixes o fundes i buscar-los.
- Llegir-li contes amb personatges amagats darrere de solapes de feltre.

Des del moment del seu naixement podeu explicar-li què va succeint al seu voltant perquè vagi entenent com funciona el món en el qual viu. Estant a casa, podeu dir-li, per exemple, "vaig a la cuina i torno" i així veurà que desapareixeu de la seva vista uns segons però torneu al seu costat. Al principi, de ben petit, potser li costa molt esperar i pot plorar desconsoladament si té gana o necessita alguna cosa i no hi sou o no li ho doneu ràpidament. Però ja veureu com moltes vegades aquesta desesperació s'esvaeix de seguida quan es troba amb l'abraçada i la veu de la seva mare. El nadó aprèn, per l'experiència, que sempre hi sou, que no el deixareu sol. I això, com hem dit, l'ajudarà gradualment a poder esperar una mica i separar-se progressivament de vosaltres. Si és possible, les primeres separacions haurien de ser breus i, a mesura que el nadó les va integrant, es poden anar allargant en el temps. Recordeu que cada bebè és diferent i, per tant, la seva tolerància a l'espera o el seu neguit també pot ser diferent.

El dia abans, podeu deixar preparada la part logística o material. D'aquesta manera, podreu centrar-vos en l'aspecte emocional de la separació, tant del vostre fill com la vostra, perquè és possible que estigueu nervioses.

Us fem algunes recomanacions per al dia de la separació:

- Si és possible, lleva't amb temps per poder estar una estona amb ell abans de marxar, donar-li pit o biberó, jugar una mica... Això farà que els dos us quedeu amb una bona sensació que us prepararà millor per a la separació.
- Intenta que la seva rutina es pugui mantenir.
- Afavoreix que pugui jugar amb joguines conegudes (no cal que tot sigui nou per intentar que es distregui).
- Deixa-li una peça amb la teva olor si penses que això el pot ajudar.

El moment de la separació:

Quan el vostre bebè és molt petit no pot anticipar o entendre que es troba davant d'una situació nova i que marxeu. Ho anirà aprenent a poc a poc, a mesura que la separació es vagi repetint. L'ajudarà que el comiat, que sempre ha de tenir lloc, es faci de forma semblant. A mesura que vagi madurant anirà conservant la vostra imatge en la seva ment, entendrà millor allò que li dieu i podreu fer servir noves estratègies:

- Uns minuts abans, anticipeu-li que estareu una estona més amb ell, però que després aneu a treballar, o bé on sigui, i que tornareu.

- Trieu un ritual amb un final clar, com un conte.

- Expliqueu-li que quan acabi el conte li fareu un petó i una abraçada i que anireu a treballar (no mentiu dient-li que aneu a comprar o a fer un volt si no és cert, o que només marxareu una estona).

- Recordeu que la seva reacció en el moment de separar-se pot ser intensa i penseu com hi respondreu. Sigui com sigui, la persona que es quedi amb el vostre bebè ha de sostenir-lo el millor que pugui. No és recomanable que, per evitar que plori o cridi, marxeu sense dir res ja que això li pot generar inseguretat, confusió, menys tolerància a la separació, etc.

- Podeu dir-li que pot comptar amb la persona que s'ocupa d'ell per al que necessiti fins que torneu. Aquesta persona pot parlar de vosaltres en la vostra absència per ajudar l'infant a tenir-vos presents.

- Si dissimuleu les vostres emocions, el confondreu. Podeu explicar-li que esteu tristes perquè us agrada estar amb ell, que el trobareu a faltar i que pensareu en ell. També que quan torneu podreu fer alguna cosa que li agradi.

- I un apunt més: en la mesura que sigui possible, intenteu no preocupar-vos en excés per la quantitat de menjar que pren el bebè i que tampoc ho faci la persona cuidadora. Sovint no mengen o mengen poc, almenys els primers dies. Si tenen gana mengen, però solen esperar la mare o el pare per fer-ho.

El retrobament:

No sabeu com reaccionarà el vostre fill: pot plorar, mostrar alegria, voler venir amb vosaltres, enfadar-se, allunyar-se, girar el cap i desviar la mirada, voler anar amb la persona que l'ha cuidat o una barreja de tot l'anterior. Us recomanem que l'observeu, li doneu temps i us adapteu al que necessiti, amb paciència.

Sovint els infants ploren o s'enfaden perquè sou les persones en les quals més confien i amb les quals poden deixar-se anar. També pot ser la seva manera de dir que us ha trobat a faltar.

Durant la resta del dia i de la nit sovint necessiten molt contacte físic. En la mesura que sigui possible, seria recomanable que intentéssiu descansar més durant el cap de setmana o els dies en què no treballeu fora de casa. Atès que la situació també és nova per a vosaltres, compartiu els vostres sentiments: us pot alleujar.

BUSCANT RESPOSTES

El vincle i la separació

La maternitat i la paternitat sovint no són com ens havíem imaginat. La voluntat de fer-ho el millor possible pot comportar que la situació us sobrepassi, sobretot si l'entorn us pressiona, us jutja o us va donant consells que no heu demanat.

Amb les primeres interaccions amb el vostre petit poden sortir a la llum diferents temes relacionats amb la vostra pròpia criança. És una bona ocasió per parlar-ne.

Sabem també que existeixen factors que poden afectar el vincle, tant durant l'embaràs com en el part o el postpart: una història de pèrdues gestacionals, ansietat elevada durant l'embaràs, el grau d'intervencionisme i el tipus d'acompanyament en el part... Són circumstàncies que afecten el nadó (prematuritat, patologia mèdica) o la mare (símptomes de psicopatologia o trastorn mental, preocupacions o malestar dins de la parella o família, dificultats en la conciliació laboral, falta de suport familiar i social, etc.).

Quan cal consultar:

- Sentiment de desconnexió o de distanciament amb el nadó.
- Sentiment de culpa persistent.
- Inseguretat amb relació a la criança.
- Dificultats en la relació amb els fills o filles grans.
- Dificultats en la relació de parella.
- Irritabilitat del nadó la major part del dia.

- Manca d'expressivitat del nadó (absència de respostes d'alegria, de queixa o de plor o evitació persistent de la mirada i la trobada).

Motius per consultar un professional:

- No gaudeixo quan estic amb el meu nadó.
- Sento que em manipula.
- En ocasions desitjaria no haver-lo tingut.
- M'agradaria entendre millor les reaccions del meu bebè.
- Alguna vegada he pensat fer-li mal.
- Sento com si no fos meu.

A qui consultar:

En primer lloc, cal consultar el personal sanitari de referència, tant de l'adult com de l'infant (professionals de llevadoria, medicina de família, pediatria i infermeria). També es poden consultar altres professionals del camp de l'atenció precoç, de la psicologia perinatal o de la psiquiatra perinatal, de l'obstetrícia i de la ginecologia.

No dubteu a preguntar: sempre hi ha algú que us pot ajudar a estar millor.

SER PARE O FER DE PARE: EL TERCER MEMBRE DE LA FAMÍLIA

Per: Marcel Cortada

Amb el naixement d'un fill, cada home o parella sent les seves tendències personals davant el desenvolupament del rol que s'atorga: uns són més protectors, d'altres més cuidadors, d'altres consideren que és un terreny que pertany a la mare o a les dones, d'altres se senten insegurs o es qüestionen la seva masculinitat, d'altres no acaben de trobar el seu lloc en aquesta situació, d'altres esperen que el nadó sigui més gran per saber interactuar-hi, d'altres senten que poden ajudar molt amb la infraestructura de la casa o aportant diners per poder tirar endavant la família, d'altres es troben en una deliberació del que dicta la seva religió o costums i el que ell sent o creu que hauria de fer, i un llarg etcètera que plasmaria la situació particular de cada un de nosaltres.

Per tant, amb aquest escrit s'intenta dimensionar aquest rol del tercer membre de la família: què és, què significa i quines funcions i efectes té en el desenvolupament de l'infant, en el rol de la mare i en la construcció de la família.

Si el pare, per llei, pot disposar de setze setmanes de baixa paternal, s'ha d'aprofitar: aquest membre de la família té molta importància, afavoreix la salut mental de la mare, de l'infant acabat de néixer i dels altres membre de la família i aquesta baixa pot millorar el benestar del pare, ja que pot disposar de temps i d'espai per dedicar a uns moments tan tendres i alhora tan vulnerables, on cal reformular-se com a persona, reorganitzar la relació de parella, desenvolupar activament la construcció de les persones com a família i, si ja teníeu algun fill, ajudar en aquesta ampliació de la família. Per tant, són unes setmanes que cal aprofitar perquè la feina per fer és amb la família. Ara que la llei ho protegeix, cal defensar aquesta baixa i aprofitar-la, atesa la transcendència d'aquests primers moments.

Ser pare i fer de pare són coses molt diferents: si es fa de pare, s'és pare, encara que biològicament no hagi estat possible. I el mateix podríem dir d'una mare. Per tant, parlaríem de la paternitat com un nus afectiu de sentiments, més que no pas una realitat biològica. És una funció lligada a un rol, promoguda per un sentiment de pertinència i un lligam i vincle emocional amb aquest nou ésser que necessita un entorn que l'aculli i doni sentit al món.

Per desgranar aquestes coses, potser ajuda el fet d'aclarir les funcions que cal desenvolupar a l'hora de tenir un fill:

- La funció materna desenvolupa la tasca d'acollir, aguantar i transformar el dolor de l'infant, cuidant i alimentant el delicat inici de l'estat emocional.

- La funció paterna és la fermesa, delinear límits, per tal de diferenciar la cura necessària de la font excessiva que no afavoreix el creixement mental i emocional; és la que ajuda i impulsa a l'obertura i exploració del món familiar i social, on cal esforç i renuncia d'un niu que embolcalla.

El/la pare/parella i la mare, plegats, desenvolupen aquestes funcions, molt necessàries totes dues, en un diàleg i equilibri mesurat segons el moment evolutiu del fill. A l'inici, és vitalment necessària la funció materna, mentre que la paterna ha de quedar orientada a protegir-la i fomentar-la. A mesura que passin els mesos i els anys, aquestes dues funcions aniran agafant intensitats diferents fins que ambdues actuen en la mateixa intensitat i en harmonia.

El paper del pare, o l'acompanyant de la mare, durant la gestació i els primers mesos podríem dir que és com els fonaments d'un edifici, l'estructura que no és visible però que sosté bona part de l'edifici en construcció: la família.

Fins ara, el pare o la parella estava preocupat per l'estat de la mare, per l'estat del fetus, per com aniria el part, i què caldria fer en aquest moment determinant i angoixant. Es participava des de la distància, l'observació, la veu, el tacte... a través de la mare. A partir del part, el pare o la parella ja pot sentir que per fi pot fer alguna cosa: pot fer de pare! Ja apareix l'experiència de plenitud de veure el fruit de tots dos!

La trobada amb el vostre bebè està mediatitzada per un munt de factors i la vostra història i els vostres recursos personals tenen un paper cabdal per viure-ho amb sintonia o amb disharmonia. Quines experiències amb els vostres pares vàreu tenir? Us heu sentit cuidat? Quin tipus de relació de parella heu tingut? Com ha anat la cerca de tenir un fill? Com s'ha desenvolupat la gestació? Quan i com s'ha produït el naixement? Està bé el vostre bebè? Esteu acompanyats o sols? Etc.

Tot aquest camí vital que ha culminat en aquesta nova etapa, fer de pare, facilitarà o exigirà més esforç en aquesta tasca. Tant és així que convé veure en quin estat d'ànim esteu. Heu gaudit de l'embaràs i heu pogut participar de la preparació al part? Us heu sentit deprimits durant la gestació, fet que no us ha permès gaudir del procés? S'ha deteriorat la relació de parella? Us heu sentit forts i enèrgics, o bé us heu engreixat o patit dolors durant aquests mesos? Després del part heu fet una baixada emocional que no us permet gaudir del bebè? Esteu entusiasmats amb la cura del bebè i voleu recolzar la vostra parella? La parella es queixa perquè treballeu massa i esteu poc per ella? La preparació de la casa per a l'arribada del bebè s'ha fet amb temps o ha nascut i encara no heu pogut preparat res?

Segons la resposta a aquestes preguntes, i d'altres, es generen neguits, emocions, fantasies i actituds vers nosaltres mateixos i vers els altres que determinen les relacions amb el fill, la parella i els pares (avis).

RELACIÓ ENTRE PARE I FILL

Per fi heu conegut directament aquest personatge que s'ha anat fent present a través de la panxa de la mare o heu vist per les ecografies. Ja el podeu tocar, abraçar, mirar, parlar, cuidar... Però encara esteu en segon terme si les coses van bé. De moment cal que el bebè se senti dins un niu amb la mare, mentre que el pare/parella es limita a aportar la seguretat i el confort que necessiten aquests dos membres de la família més vulnerables.

Però, com viviu aquesta situació? Algun pare es pot sentir sol i abandonat de la bombolla que formen la seva parella i el bebè i pot aparèixer un sentiment de gelosia. Cal vigilar si això agafa magnitud i genera malestar de parella, ganes de fugir o de buscar relacions fora de casa, ja que això pot posar en perill la nova família.

Aquest cúmul de sentiments queden esmorteïts quan veieu que té faccions vostres, que s'assembla a vosaltres, que reconeix la vostra veu, que es calma si l'agafeu, que els vostres pares hi veuen trets o reaccions que vosaltres vàreu tenir de recent nascut... Tot això també afavoreix que el vostre fill et faci pare. És un sentiment bidireccional: sentir-se pare i que ell et reconegui com a tal. Si aquest retorn no es pot produir, perquè té problemes físics o dificultats motores o sensorials, l'esforç inicial és més costós perquè el sentiment no es veu correspost.

El temps de dedicació que requereix un recent nascut és molt i molt important. Que bé que ara els pares puguin disposar d'una baixa llarga per acompanyar i alleugerir a la parella, per poder relacionar-se i ocupar-se del fill, i per no sentir i viure que no pot tenir el temps necessari que requereix ell i el seu fill. Són unes primeres setmanes de dedicació per construir la relació i no només acompanyar.

Però la situació, per idíl·lica que sigui, potser és cansada, esgotadora, inquietant a l'inici, amb incerteses i molts dubtes. I amb un ésser tan petitó podeu sentir-vos maldestres, amb por d'agafar-lo, no saber què dir-li o com acostar-vos-hi.

Tenir neguits cap al fill ajuda a estar atent, alerta, amb ganes de fer-ho bé. Si el neguit o l'ansietat us sobrepassa, això us atraparà i us pot fer enfonsar. Convé que us sentiu disponibles per rebre els senyals del fill i poder respondre-hi en la mesura pertinent.

També, segurament, els pares poden sentir-se d'una manera o d'una altre si ha nascut un fill o una filla. Amb el fill potser us sentiu més forts, més segurs per agafar-lo, amb més repertori per parlar o jugar amb ell. En canvi, si es té una nena, potser els sentiments de fragilitat i tendresa es fan més predominants i la interacció costa més que flueixi.

Però penseu que cada situació és un regal: quan li parleu es posa atent i es gira cap a vosaltres perquè reconeix la vostra veu; quan li poseu un dit a la seva petita mà us l'agafa i no la deixa anar, com si no volgués que marxéssiu perquè us volgués al seu costat; o si l'agafeu i el mireu de ben a prop, fixa la mirada, i si li dieu cosetes us regala un somriure franc i amorós. Ell us coneix i us necessita, i així us ho fa saber amb tots els recursos de què disposa, que en son molts.

Per tant, endavant! Amb cura però sense por. La interacció del pare amb el nadó sol ser més física, tàctil i estimuladora, d'una dansa i d'un to motor particular. La veu ajuda a diferenciar el pare o la mare, de forma que el nadó espera i respon a aquest diàleg de forma diferenciada. La interacció entre pare i nadó és important perquè sereu el cuidador de confiança amb qui ell es quedarà quan la mare marxi. A la vegada, gràcies a les experiències de sentir-se cuidat pel pare, després serà un infant més capaç d'afrontar i gestionar millor les circumstàncies desconegudes.

RELACIÓ DE PARELLA

Amb la parella, al llarg de l'embaràs, heu compartit la il·lusió, el desig de ser pares, però també els neguits de la gestació, que tot anés bé i acabés bé... Heu acompanyat i auxiliat aquesta dona que està en transformació: la que gesta un fetus. Això ha suposat una tasca solitària que sovint pot ser cansada, amb paciència i encerts, però també amb errors quan no s'ha rebut l'aprovació de la bona intenció. La vostra relació ha anat canviant: ella potser s'ha tancat més, o està molt sensible, o si hi ha algun problema no goseu compartir-lo pel seu delicat to emocional. És una situació que pot ser molt bonica, fàcil i d'entesa, o bé que es transformi en dos camins paral·lels, sense contacte emocional, de soledat mútua, o bé un camí de desencert, mal ambient i discussions.

L'arribada d'un fill, doncs, suposa per a tots dos un gran repte, un camí de canvis profunds, i més en la dona. Per això, la perspectiva del pare ha de ser més àmplia, heu de contemplar el vostre procés, el d'ella i el de la criatura. Poder incorporar el procés de tots tres pot permetre esponjar el procés d'ella, que potser està més immersa amb tot el que suposa donar vida i tenir-ne cura. Per a això cal, però, trepitjar fort a terra, saber de quin punt venim per formar família. Com veus, sents o consideres la teva parella, la mare del fill de tots dos? Amb confiança i orgull? Amb dubtes de com ho farà? Fràgil davant la situació? Content de compartir aquesta experiència amb ella? Com que ella l'ha tingut durant l'embaràs, ara et toca més a tu? No et fa espai i acapara tot allò relacionat amb el fill, de formes que tu pots fer poca cosa? Com et veu la teva parella amb el fill? Com vol que facis de pare? Què n'espera? Quin tipus de tasca vol que cobreixis i en quines coses no vol que t'hi fiquis? I de nou, un llarg etcètera fruit que ara sou tres membres a la família: si abans era fàcil ser una parella compenetrada o amb un funcionament establert, ara això ja no serveix, hi ha un tercer element que demana una nova estructuració.

Amb el naixement del bebè comença un nou cicle de parella i els canvis poden sacsejar-vos profundament. Per això, és molt important la situació inicial: pot facilitar o afegir més elements estressants. Per exemple, com ha nascut el bebè, en quina situació es troba o si s'ha avançat el part...

Quan cal un ingrés hospitalari de la mare i del nadó, la tasca del pare és cabdal. És l'enllaç entre ells dos i l'avançament o el primer contacte amb el petitó, a l'espera que la mare es refaci i pugui incorporar-s'hi. Segons com ho visqui el pare tot això, es facilita o es fa més costós el procés de vinculació amb el fill. La dona necessita veure la parella forta, implicada, capaç d'entomar la situació malgrat el terror i el dolor terrible per la situació, algú que no es deixi arrossegar per les angoixes i la culpa que segurament ella pateix. Així doncs, també cal poder escoltar el dolor i

43

el patiment que teniu com a pares i compartir la vostra situació. No us quedeu sols, els dos, per separat, amb el neguit dels vostres neguits.

Si no hi ha hagut imprevistos extrems, també cal tenir present que després del part la mare segurament està activa i activada, però en els dies posteriors pot ser que el seu estat d'ànim decaigui. Aquí cal ser sensibles i pacients amb els canvis vivencials i hormonals pels quals ella transita i oferir-li ajuda i suport. Però no és fàcil, ja que alhora vosaltres transiteu per un dels canvis i transformacions personals únics a la vida: esdevenir pare.

Tenir conjuntament un fill suposa que el centre d'atenció pivoti entorn del bebè, però això no vol dir desatendre la relació de parella. Que es mantingui una bona relació entre ambdós és important per afavorir aquesta nova vida que es comparteix i el bon desenvolupament global del vostre fill. Cal cuidar-se com a parella i retrobar-se emocionalment i sexualment, i que cap dels dos se senti relegat pel naixement del fill.

Per tant, independentment de com hagi anat el naixement, les funcions del pare o de la parella van dirigides, per una banda, a la protecció de la mare, per tal que aquesta es pugui retirar de les exigències externes i es pugui dedicar a mantenir el bebè en vida i afavorir el seu desenvolupament mental i emocional. I, per altra banda, cal també donar-li fortalesa, suport, encoratjament i ajuda, per tal que aquest nou món intern de la mare estigui sostingut per part de la parella. El pare s'ha de situar a la reraguarda per si succeeix alguna cosa a la mare: si ha fet una patologia de l'embaràs i ha de romandre ingressada i no es pot ocupar del nadó; si se sent angoixada o atabalada o si està molt trista i no té forces; si aquesta situació nova la sobrepassa i requereix acompanyament i que la parella estigui al seu costat per sentir-se segura; si ja es té algun fill més gran i la mare no està tan disponible per a ell, etc.

Aquestes són situacions que poden aparèixer en petites mesures o puntualment, però també poden allargar-se en el temps i augmentar en intensitat. El pare és una figura important per proveir el suport, i si cal, qui demani ajuda.

DOS PARES O DUES MARES

Estem en un moment en què les tècniques de reproducció assistida, la gestació per substitució, l'adopció, la societat o les lleis han fet un camí on és possible que la parella parental estigui formada per dos pares o dues mares.

En aquest punt és important transmetre que allò que ajuda al desenvolupament d'un infant són les funcions maternes i paternes, més enllà del gènere de la parella parental. Per això, en el cas de dues mares, una és la gestant i l'altra és la parella i, per tant, aquesta última ha viscut l'experiència des de fora i ha de desenvolupar un paper semblant (tot i les diferències òbvies i no tan òbvies) al que fa l'home. És algú lliure de les hormones de la gestació, del part i la lactància (en cas que la segona mare no s'hagi estimulat també la lactància), que té un altre temperament i una altra perspectiva en la interacció amb el fill; algú que estableix un vincle diferent al més carnal, que a l'inici demana la necessitat de construir una bombolla emocional amb el nadó i que després aquesta s'ha de desfer, mercès a la tasca de la companya de viatge. També podem trobar-nos, per diversos motius, que la mare que ha parit no desenvolupi les funcions maternes i ho faci la parella.

Amb els dos pares (homes), també hi ha una manera de viure i entendre el que és la criança d'un infant des de sensibilitats, experiències i referents diferents. Això fa que a cada moment es puguin desenvolupar funcions maternes o paternes més fortes a cada membre de la parella o en alternança en tots dos, com també pot passar amb les dues mares.

En ambdós casos, la criança duta a terme per a dues mares o dos pares, igual que altres models familiars, pot requerir un entorn de família extensa i també social que pugui oferir, des de l'afecte i l'estimació, altres referents de gènere diferents, ja que més enllà de les funcions parentals també cal, per al desenvolupament, que l'infant pugui formar la seva pròpia identitat.

RELACIÓ DEL PARE AMB ELS ALTRES FILLS

Quan ja es té un fill i s'espera l'arribada d'un altre, s'obre un nou camí d'experiències per a tota la família: tots plegats experimenteu la no exclusivitat de les relacions, compartir la vida i les necessitats i gaudir de la família amb més membres integrants. Aquest és un aprenentatge que, sobretot per als nens, és molt dur, però que ofereix una dimensió de la vida a la qual els fills únics no tenen accés. Per tant, ja des de l'embaràs s'ha de preparar el fill gran per a aquesta nova etapa de la seva vida. Alhora, el pes de fill únic ja no recau sobre ell i totes les ganes, pors, expectatives i desitjos dels pares es repartiran entre els fills.

L'arribada d'un germanet suposa una immensa alegria, però alhora suposa un munt de neguits i de pors. Per tant, aquesta ambivalència es fa patent en tots els estats d'ànim pels quals transita el vostre fill gran. I és en aquests primers mesos, quan la mare està centrada en el nadó acabat de néixer, que el pare pot estar atent també als sentiments de gelosia i d'exclusió o desplaçament que viu el fill gran i pot ajudar-lo a transitar per aquest camí sense que se senti culpable per aquests sentiments tan dolorosos.

El germà gran pot mostrar ràbia dirigida cap a la mare, per traïdora i abandonadora, i cap el germanet, per invasor despietat. Quan els acostaments vagin tenyits d'aquests sentiments, cal l'acció d'un aliat, d'un interlocutor que accepti els seus sentiments, que no vegi maldat en aquelles abraçades que asfixien o en aquelles carícies que peguen. El pare, que està fora de la immersió de la criança més carnal que descrivíem a l'inici, pot permetre viure i veure les incursions més intenses del fill gran amb més benvolença, ja que la mare se centra a protegir i criar el nounat indefens.

És important, però, que aquest pare mediador no suposi una exclusiva per al fill gran, sinó que aquest fill també pugui gaudir de la mare en exclusiva mentre el pare s'ocupa del germà petit. Així, de mica en mica, els fills entenen que el cor de la mare i el pare no es divideix sinó que es multipliquen.

El patiment del fill gran es pot manifestar de diferents formes, que cal entendre i ajudar des de la comprensió i l'amor, no pas des dels càstigs i els retrets. Poden aparèixer ganes de tornar a ser petits, mamar el pit de la mare, tornar-se a fer pipí al llit, terrors nocturns, rabietes a l'hora de menjar, plorar i enfadar-se per qualsevol petitesa... Tot això, en un entorn de dormir poc i estar cansats per la criança d'un nadó, és un afegit que posa a prova la paciència i la contenció del pare i la mare.

No cal dir que, davant d'això, podem promoure que el germà o germana ajudi en la cura del nounat perquè s'identifiqui amb les figures cuidadores i protectores de la mare i el pare, fet que ajuda també a protegir el seu germanet dels atacs de gelosia que li dansen per dins, apaivagant una mica el seu sentiment de ser dolent a causa d'aquestes emocions que li estan aflorant.

RELACIÓ AMB ELS AVIS I LES ÀVIES

Per l'àvia materna, és un moment difícil l'arribada del primer net, ja que això suposa ser àvia. Aparentment és un esdeveniment fabulós, molt desitjat, però que interiorment també suposa entendre que ella no és la mare d'aquell nadó, que la filla ja és mare, i que ella és àvia. El mateix podríem pensar de l'avi, però té un caire diferent, més lligat al cicle vital i no tant a les funcions de reproducció i criança.

Aquests canvis de rols, de pares a avis, es poden incorporar amb consciència i goig, amb indiferència, o amb neguit i lluita. Sigui quin sigui l'estil, cal una adaptació de tots plegats en els nous rols.

El pares sempre serem pares, encara que arribi el fabulós moment de ser avis. Per tant, la preocupació i la voluntat d'ajuda sempre apareix. Quan el fill s'endinsa a la maternitat o paternitat, els avis ja coneixen l'experiència, l'han viscuda i apresa, i per tant, poden sentir que tenen permís per bolcar-se en l'ajuda d'algú estimat que ara viu aclaparat per la nova situació de l'arribada d'un fill. Però quan això arriba convé que siguin els fills qui experimentin la seva pròpia experiència i aprenentatge, i els models i estils de fer de pare i mare poden ser i veure's diferents. Per tant, fer d'avis és una tasca difícil: cal participar-ne en la mesura necessària i tolerada pels progenitors del nadó.

Aquí els pares podeu aportar-hi molt, ja que les forces en acció poden ajudar de forma important si es vehiculen en la direcció oportuna.

- **La mare de la mare:** aquest és un terreny molt delicat, i més en aquest moment sensible d'haver donat a llum. Per tant, hem de veure com estan elles dues, individualment, en aquesta tendra situació després de l'arribada del fill i del net. Quin tipus de relació i vinculació hi havia entre elles dues? A partir d'aquí cal veure si l'enllaç entre elles és saludable i positiu o bé cal la nostra intervenció per ajudar a enfortir els rols de cada una. Aquesta tasca també pot ser conduïda per un aliat: el pare de la mare, l'avi.

- **La mare del pare (la sogra):** és un altre terreny que també és sensible i on sí que podeu actuar o incidir amb més tranquil·litat i confiança, ja que és tracta de la vostra mare, el terreny és més conegut i els vincles són més forts. Aquí el neguit no és la confusió de rols sinó la participació en la nova situació. Segons el vincle amb els propis pares, heu de vetllar que la vostra mare no se senti desplaçada i observar que en el terreny de les dones hi hagi entesa i la relació sigui la pertinent de cada rol.

Vist això, en el fons, el que heu d'intentar és protegir l'espai de la nova mare per tal que pugui construir-se com a tal, que se senti reconeguda i que ella es vegi com a vàlida. I amb els avis (especialment les àvies) heu de filtrar els seus comentaris i confirmar la seva visió com a pares de llarg recorregut: pensar i valorar conjuntament les idees rebudes, com ho valoren ells, per poder comptar amb l'immens, valuós i necessari suport que poden proporcionar-vos.

Aquests elements exposats potser no són propers en aquells casos en què hi ha tradicions i costums diferents, com per exemple aquelles cultures que alliten la dona que ha donat a llum durant quaranta dies per cuidar-la i que es refaci de tot el procés de gestació i del part, de forma que la mare no es fa càrrec del nadó, sinó que ho fan les altres dones més properes. I aquí el paper o rol del pare s'ha de cenyir a aquest context cultural.

BUSCANT RESPOSTES

Ser pare i fer de pare és una tasca difícil i de molta responsabilitat i pot ser una situació de molta exigència i soledat, amb poc suport i molta càrrega.

Segons com hagi anat tot el camí, pot resultar una tasca més lleugera o més feixuga.

Atesa la transcendència de la figura paterna i de la tasca que cal fer en la família, heu de sentir-vos segurs i ben orientats.

Cal saber quan unes idees, emocions o situacions individuals, de la parella o del conjunt de la família requereixen l'ajuda d'algú que pugui aclarir què passa.

Quan cal consultar:

- Si et sents estrany en aquesta nova situació i amb el pas del temps no canvia.
- Si no aconsegueixes apropar-te o relacionar-te afectuosament amb el fill.
- Si la relació amb la parella és tensa o plena de mals entesos i discussions.
- Si evites arribar a casa i busques altres relacions.

Motius per consultar un professional:

- Et sents trist, amb ganes de plorar.
- Sents ràbia, que et porta a tenir por a fer-li mal al bebè.
- Et sents tan exultant de felicitat que sents que la parella no té lloc en la relació amb el fill.

- En l'embaràs també t'has sentit embarassat, o sents com si també haguessis parit.
- En les tècniques de reproducció assistida han utilitzat esperma/òvul de donant i no et sents el pare o la mare.
- Tens necessitat de sortir d'aquesta situació, vols estar amb altres persones i no sentir-te lligat per un fill.

Motius per consultar un professional de parella:
- No hi ha un sentiment de plenitud amb la nova situació de família.
- Sents que la parella no et deixa intervenir en la cura del fill.
- Quan en les tècniques de reproducció assistida s'han utilitzat òvuls/esperma de donant i sents que ella o ell no és la mare o el pare.

L'ALIMENTACIÓ

Per: Àfrica Miquel

L'alimentació del bebè, evidentment, és una funció bàsica i necessària per a la seva supervivència i el seu creixement, però és també un canal de vinculació amb la seva mare, ja que el nadó aprèn a anticipar i demanar, a gaudir de les sensacions físiques que li proporciona l'acte d'alimentar-se a través dels sentits.

També hi ha un aspecte emocional molt important lligat a l'alimentació. El bebè, quan té gana, nota una sensació desagradable. Les mares i pares han d'aprendre a entendre les seves necessitats i les seves demandes i a donar-hi resposta, calmar-lo, fer-lo sentir confortable de nou i mostrar-se disponibles per a ell quan ho necessiti. Així, a través d'aquest vincle i de saber que hi ha algú que l'ajuda quan no se sent bé, el nadó veu afavorit el seu desenvolupament i la seva salut mental.

Quan parlem de l'alimentació a demanda, ens referim no només a respondre la sensació de gana, sinó també a calmar el seu malestar, fer-lo sentir segur en tant hi ha algú pendent d'ell.

A través de l'alimentació, entenent-la d'aquesta forma més global, el nadó es vincula i aprèn del món, de les mares i pares, del seu cos (en tant que allò que sent és una cosa seva, que ve de la seva panxa i que no ve fora, reconeixent poc a poc la sensació de gana).

El pediatre us pot aconsellar sobre l'alimentació del vostre bebè, però també l'heu d'anar coneixent i junts anireu creant la pauta que s'ajusti millor, adaptant-la al seu creixement i a la seva demanda. Heu de saber també que la succió i la proximitat amb la mare calma el bebè, així que encara que no tingui gana, mamar generalment el calmarà si plora. En aquest sentit, això pot crear certes confusions i sensació que el bebè es passa el dia al pit. Tranquil·la! Junts podeu anar trobant l'equilibri i altres maneres que es calmi (cantar, parlar, acaronar...).

Cada bebè, amb el seu caràcter i les seves necessitats, pot ser més o menys ansiós, més o menys demandant, espaiar o ajuntar més les preses de llet, demanar amb més o menys intensitat, costar-li molt o poc esperar, el ritme de la ingesta serà més ràpid o més lent, etc. A més, cada bebè madura i es regula al seu ritme i aquest procés depèn d'altres processos com l'augment del to muscular, la millora en la succió, la maduració de l'aparell digestiu, la propiocepció...

Sovint el tema de l'alimentació angoixa les mares, no saben si menja prou, si demana massa, o massa poc. De la mateixa manera, la lactància materna també pot estar subjecta a molta ansietat, preocupació o frustració perquè no sempre és fàcil, ja que el bebè (i les mares) esteu aprenent i perquè la producció de llet pot estar lligada a l'estimulació i la succió del bebè, així com també a factors biològics i emocionals de la mare. Us heu de donar temps. No sempre és possible, però podeu intentar buscar un entorn tranquil, còmode, crear-vos el vostre espai i el vostre moment (sobretot al principi), que serà diferent per a cada mare i per a cada interacció. En la mateixa línia, us heu de cuidar mentre alleteu el vostre fill: procureu descansar, beure líquids i portar una alimentació equilibrada. També heu de saber que hi ha medicaments i substàncies tòxiques que poden perjudicar el vostre bebè a través de la llet, així que consulteu el metge o pediatre en cas de dubte.

Moltes mares viuen la dificultat en la lactància com a fracàs. Algunes expresseu que us sentiu "mares no prou bones". La maternitat és molt més que la lactància i, tot i que la lactància materna és l'opció més adequada per al desenvolupament del nadó, hi ha alternatives que s'han de tenir en compte en alguns casos. Quan la lactància materna no és possible o causa un gran malestar, cal demanar ajuda i acceptar altres formes d'alimentar el nadó.

Fins quan heu de donar el pit al vostre fill és una decisió que pot ser difícil. A vegades aquesta decisió pot estar condicionada per factors externs com la tornada a la feina. Però, a banda d'això, la decisió és vostra i us heu de sentir còmodes en el moment i la manera de fer-ho. Pot ser que el fill es resisteixi a deixar-ho o, al contrari, sigui més fàcil del que pensàveu. Algunes mares sentiu que la relació pot canviar o que esteu traient alguna cosa al vostre fill. Però el procés de deslletament, fet amb amor i acompanyant al bebè, no té perquè ser traumàtic, és una etapa del creixement..

És normal que l'alimentació del fill generi dubtes, moments difícils, sentiments contradictoris... Hi ha professionals que us poden ajudar resolent dubtes, donant-vos noves idees i acompanyant-vos en el procés d'alimentació.

No dubteu a parlar-ne, demanar ajuda o assessorament per tal de fer de l'alimentació del vostre fill una qüestió més agradable i plaent, tant per a ell com per a vosaltres. Podeu consultar el pediatre o buscar grups de lactància materna o assessores de lactància.

BUSCANT RESPOSTES

Quan cal consultar:

- Quan s'intueix o es pensa que l'alimentació no va bé perquè el bebè reclama constantment, està molt neguitós, etc.
- Quan tot gira al voltant de l'alimentació i no permet gaudir o veure altres coses en la relació entre mare i fill.
- Quan l'alimentació suposa un estrès o frustració important per a la mare.
- Quan hi ha dificultats o dubtes que no se solucionen. A vegades la mare pot sentir-se bloquejada i molt perduda.
- Quan l'alimentació genera sentiments negatius freqüents, malestar o dinàmiques molt complicades.

Motius per consultar un professional:

- Alimentar el meu fill em suposa un gran esforç, no ho estic gaudint.
- Tothom em diu què he de fer, com ho he de fer, estic molt perduda.
- Em considero mala mare perquè no puc alletar el meu fill.
- Cada vegada que s'acosta el moment d'alimentar el meu fill m'angoixo.
- Es passa el dia plorant, no sé si té gana, no el sé calmar.

A qui consultar:

Pots consultar professionals de diferents especialitats: pediatria, infermeria i llevadoria o buscar grups de lactància o associacions.

EL SON

Per: Àfrica Miquel

El desenvolupament sa dels nadons va estretament lligat al son. Això és perquè mentre el bebè dorm, hi ha uns patrons de son que afavoreixen la maduració cerebral (les connexions i el desenvolupament de les cèl·lules nervioses). El cervell del bebè és capaç de filtrar determinats estímuls externs mentre dorm, per assegurar que, tot i que l'entorn no hi ajudi (quan és de dia i hi ha llum, quan hi ha sorolls), el bebè pugui seguir dormint sense despertar-se fàcilment. Així el seu cervell immadur pot seguir desenvolupant-se sense les constants sobrecàrregues dels estímuls externs. Però l'alteració repetida d'aquests patrons de son per exposició a estímuls externs excessius i inadequats pot posar en risc aquesta maduració del cervell.

A banda del desenvolupament neurològic, mentre el bebè dorm, aquest pot descansar físicament i restaurar energies, pot desconnectar i descansar dels estímuls que rep, etc.

Així, que un bebè pugui dormir bé i, per tant, que el seu desenvolupament neurològic sigui òptim, l'ajudarà a anar configurant el seu aparell mental, el seu bagatge d'experiències, la relació amb l'entorn i la seva motricitat. Podríem dir que la feina que fa d'adaptar-se a l'entorn, d'anar descobrint, de crear, integrar i elaborar informació que capta a través dels sentits, es consolida amb aquest son reparador. Quan el vostre bebè dorm, el seu cervell es desenvolupa i s'organitza, alhora que s'estableixen les bases dels aprenentatges i es creen records.

En la mesura del possible, ha de dormir en un entorn higiènic, ventilat, tranquil, amb una temperatura i una postura adequades, ja sigui al seu bressol, en braços… Així mateix, no cal obsessionar-se, però sí que cal vigilar que estigui bé, estar prou a prop per sentir-lo si plora o somiqueja, etc.

Tenint tot això en compte, cal deixar-lo dormir el màxim i respectar la quantitat d'ingestes necessàries segons edat i pes. Si està adormit, per moltes ganes que es puguin tenir de jugar o interactuar amb ell, és millor no despertar-lo. És important que dormi. També pot passar a la inversa: que ell es desperti a la nit per menjar o trobar algú amb qui interactuar. Això també és natural. S'ha de respectar el ritme de descans i d'activitat, tenint en compte que hi ha nens que en necessiten més i nens que en necessiten menys. Durant els primers mesos, el seu cicle dia-nit no és de 24 hores (ritme circadiari), com nosaltres, sinó de 4 hores (ritme ultradiari). Per tant, a cada cicle voldrà fer tot el que fem nosaltres: dormir, menjar, fer pipi i caca, buscar afecte, interactuar, encara que siguin les tres de la matinada per a nosaltres.

Més endavant, a mesura que va creixent i el seu cervell és més madur i menys fràgil, el cicle dia-nit s'allarga i no necessita dormir tant. A més, serà més capaç i tindrà més interès per interactuar, jugar, moure's...

Dels 0 als 3 mesos el son segueix el ritme ultradiari (el nadó no diferencia el dia de la nit) i té dues fases. Aquestes fases componen un cicle que, quan acaba, dona lloc al que s'anomena microdespertar. A nosaltres també ens passa, però seguim dormint sense adonar-nos-en. Atès que el seu cicle dura uns 50 minuts i que fins i tot es poden produir microdespertars quan acaba una fase, és habitual que ens sembli que el nostre bebè dorm poc, o que potser no és normal. Necessita despertar-se sovint per una qüestió de supervivència, ha d'assegurar-se que la mare i l'aliment estan sempre a prop.

Sovint, al voltant dels 4 mesos, el son s'esdevé inestable i s'inicia un període de transició amb despertaments molt freqüents, en ocasions més freqüents dels que es produïen dels 0 als 3 mesos. Això succeeix perquè el nadó incorpora més fases de son i passa de tenir-ne dues a cinc. És un canvi important al qual el nadó s'anirà adaptant al llarg dels mesos i anys següents.

Normalment no se saben tornar a adormir sols o no es troben en les mateixes condicions que quan s'havien adormit anteriorment (per exemple, en braços o succionant) i per això ploren, perquè necessiten que el cuidador o cuidadora els ajudi a tornar-se a adormir.

Es podria dir que tothom està d'acord que els bebès necessiten dormir molt. Però hi ha discrepàncies en com ajudar-los a adormir-se, si han de dormir sols o acompanyats, etc. És important entendre que el vostre bebè encara no pot entendre ni anticipar la majoria de coses, per tant no és capaç, com alguns poden afirmar, de prendre-us el pèl. Encara no ha après a adormir-se sol, és molt petit, no sap regular-se, necessita generalment que el pare o la mare l'ajudin a relaxar-se i conciliar el son. Ja anireu trobant la fórmula adequada (cantar, fer-li determinades carícies, agafar-lo, balancejar-lo, fer mètode cangur...). De fet, tenir una mare que estigui disponible i l'ajudi a adormir-se, a calmar-se, etc., fomenta un vincle saludable i seguretat en el bebè, que sap que hi ha algú que el calma, se'l mira i té cura d'ell quan ho necessita. I així, a poc a poc podrà ser capaç, des de la tranquil·litat i la seguretat, d'anar-se fent més autònom i tolerar millor les separacions puntuals amb la seva mare.

Si s'estableixen certes rutines, es va modulant l'entorn: parlar en veu baixeta, no obrir tots els llums ni excitar-lo jugant, crear certes rutines... D'aquesta manera, es crearà una dinàmica que afavoreix que el bebè pugui dormir millor. Però cada bebè és diferent i respon de diferents formes. Per tant, no hi ha cap regla exacta que faci que un bebè dormi bé o malament, només certs aspectes que cal tenir en compte i que poden ajudar-lo.

L'alimentació va molt lligada al son, ja que al principi el bebè es desperta sovint per menjar. En alguns casos és relativament fàcil alternar menjar i dormir, però en altres casos pot ser que les preses de llet s'allarguin, els bebès es cansin, s'adormin, es despertin poc després... Alguns bebès reclamen moltíssim, altres sembla que no tinguin gana i no reclamen tant i poden dormir més estona seguida. També hi ha bebès que poden tenir alguna alteració o dificultat digestiva com reflux o còlics, fet que no ajuda a adormir-se ràpid o bé. S'ha de donar temps, tenir molta paciència, però a vegades es poden crear dinàmiques molt difícils i angoixants. En aquests casos, no dubteu a demanar ajuda i consell.

Un altre dubte és si és bo o dolent dormir amb el bebè i fins quan es pot fer. Cada família pot escollir i valorar de quina manera se senten més còmodes i quines necessitats té el seu fill. S'ha de tenir en compte el moment evolutiu i com el bebè s'estructura. A poc a poc s'estableix una regulació progressiva del son i la vigília. Hem d'anar aprenent de l'experiència, a mesura que ens anem coneixent i adaptant.

Com a mares, aprofiteu quan el vostre fill dorm per dormir també vosaltres (si podeu). Si aneu més descansades, serà més fàcil afrontar moments més estressants, de manca de son, etc.

Tot i que quan es té un fill la vida canvia completament, dormir és un dels hàbits que es veu més afectat i no tothom hi reacciona o ho suporta de la mateixa manera. En aquests casos podeu demanar ajuda a un professional per resoldre dubtes, millorar la rutina a casa i la dinàmica al voltant del son. Si us sentiu vençuts, sense forces o sense ànims, potser emocionalment no esteu bé i necessiteu ajuda d'un professional.

BUSCANT RESPOSTES

Quan cal consultar:

- Quan el bebè sempre dorm molt poc, o li costa molt conciliar el son, o està irritable.
- Quan hi ha tantes dificultats per dormir que altres coses queden difuminades i tot gira al voltant del son.
- Si no saps com adormir el teu fill i sempre necessites l'ajuda d'algú altre.
- Quan et sents molt cansada, desanimada, contrariada.
- Si el bebè només dorm i sempre l'has de despertar per menjar, banyar-lo, etc.
- Si veus que, a mesura que passen les setmanes, encara no hi ha un mínim de rutina o ritme de son.

Motius per consultar un professional:

- Em costa tant que dormi que quan ho aconsegueixo ja no tinc ganes de fer res més.
- No puc més, em sento molt malament.
- El dia a dia és un caos.
- El meu fill dorm tot el dia, no em dóna feina, no hi ha nen.
- El meu fill no vol dormir per així molestar-me.

A qui consultar:

Podeu consultar el pediatre o infermera pediàtrica. També des dels CDIAP us poden atendre com a família per higienitzar la dinàmica del son en cas que s'hagi generat molta problemàtica.

El metge de capçalera us pot derivar també a professionals de la salut mental en cas necessari.

EL PLOR

Per: Mercè Leonhardt

L'esclat de vida que significa el primer plor del nadó transmet a la mare i al pare un gran plaer i un gran alleujament, perquè és el símbol d'haver passat la frontera que permet l'entrada a la nova vida. Sentir per primera vegada la veu del fill és la seva carta de presentació, i fa adonar que la vida batega i ofereix l'experiència d'estimar i acompanyar aquesta nova vida.

Si a aquestes primeres sensacions pots afegir la joia d'embolcallar amb els braços i cos al nadó, aquest primer contacte de pell amb pell comporta un procés íntim d'adequació que aporta una gran felicitat.

Per altra banda, el plor del nen manifesta una forma de comunicació en la qual s'expressa un primer llenguatge: tinc dolor, gana, son, cansament, massa estímuls, descàrrega de tensió, incomoditat, desig de contacte corporal... Sentir-se embolicat i abraçat és sentir-se contingut en els braços de la mare, del pare o d'algú capaç de transmetre calor afectiu.

Al principi no és fàcil saber les causes del plor. Com a mares i pares us les preguntareu i, segons la qualitat del plor, l'hora en què es produeix o la durada, n'anireu descobrint el motiu. Amb el temps, de forma progressiva, sabreu interpretar cada plor. El nadó no té capacitat de processar les experiències sensorials que li venen del seu cos, però vosaltres el podeu ajudar a recuperar-ne el control.

La resposta que el nadó sempre espera i necessita és que s'escolti el seu malestar i se l'ajudi a estar tranquil i segur. Per a l'infant, no hi ha res millor que l'amor i la calidesa que expressen els vostres braços i, en especial, la seva disponibilitat emocional atenta per nodrir-lo i ajudar-lo en el seu malestar. Sovint, s'ha transmès el pensament que si s'atén sempre el plor del nen, se'l malcria. Res més lluny del que necessita un bebè, cal atendre i entendre les necessitats que té i què expressa amb el plor, ja que una de les seves primeres eines per comunicar-se és el plor. Hi ha també nens més sensibles que expressen amb el plor qualsevol canvi o dificultat mentre que n'hi ha d'altres que expressen poc. Cal posar-se a la pell del nen i ajudar-lo amb la vostra proximitat a eixugar les llàgrimes o el malestar i expressar allò que pot ser motiu de dany físic o mental, posant paraules a allò que li passa. Ajudar als nens a construir el seu món intern, pensar en el bebè i arribar a descobrir quina és la situació que està vivint i, en especial, aquella que li crea estrès o ansietat, posant-hi també paraules és essencial. Quan el bebè se sent atès i pensat nota que és escoltat, consolat, tingut en compte, alleugerit del malestar o d'allò que ell demana. A mesura que passi el temps, no mostra tanta urgència, ja que el nen tindrà més recursos per fer front les situacions que el depassen i pot esperar una miqueta més. La disponibilitat emocional, juntament amb poder pensar sobre el nen i la seva situació , sempre li seran de gran ajuda, tant per a ell com per a per a vosaltres.

En el primer trimestre, entre les tres i les dotze setmanes, els bebès acostumen a tenir un període intranquil al final del dia que s'anomenen còlics, els quals expressen amb un plor cíclic i molt diferent de quan tenen gana o son. Els còlics poden ser causats per una immaduresa del sistema digestiu, que produeix espasmes abdominals que provoquen incomoditat i que el bebè no pot interpretar.

Tal com s'ha dit, aquestes incomoditats es manifesten al capvespre, sovint després d'una jornada que també pot haver provocat estrès i amb necessitat de descàrrega tensional, és a dir, quan els pares esteu més cansats. De tota manera, si penseu en el bebè, la millor forma d'ajudar-lo és estar tranquils i mirar d'alleugerir el dolor abraçant-lo, cantant o parlant suaument. També convé observar què el pot ajudar, quines són les seves necessitats, podeu posar-lo boca terrosa sobre el braç, escalfar-li una mica la panxa o flexionar-li les cames per si té gasos. Com que es poden presentar períodes molt llargs de còlics, convé conservar la calma, no bellugar-se massa, no angoixar-se per no sobrecarregar més un sistema nerviós encara immadur. Si us sentiu depassats li transmeteu l'ansietat. Si manteniu la tranquil·litat, malgrat el malestar interior que sentiu amb el plor, podreu transmetre calma al vostre fill...

Hi ha molts moments, especialment a l'inici de la seva vida, que us trobareu angoixats i confusos per saber què li passa i quina podria ser la millor resposta per oferir-li. Compartir els vostres pensaments us pot ajudar.

Els bebès hipersensibles, prematurs o amb discapacitat tenen, en general, més dificultat per regular-se i necessiten més ajuda vostre. En aquests casos, cal eliminar tots els estímuls externs que poden desbordar al nen, poca llum, silenci, no parlar-li si el toquem o no tocar-lo si li parlem, perquè hi ha infants que no poden integrar dos estímuls alhora. A mesura que va creixent aprendrà a mostrar-vos d'una forma més clara què li va millor. Cal escoltar-lo i estar disponibles emocionalment a les necessitats que vagi mostrant.

Sempre cal tenir en compte quines són les preferències del bebè quan busquis respostes. Prefereixen sempre les persones i, per tant, els primers que estan al seu costat, és a dir, les mares, els pares o cuidadores principals. Busquen que els estimin, que els escoltin, que els amanyaguin i que pensin per ells. Així van fent processos de creixement per arribar a un desenvolupament emocional, físic i mental ple. Per tant, en els mitjans digitals, mecànics i automàtics que utilitzem, com els telèfons mòbils, les tauletes o la televisió o aquells mitjans que es troben al mercat suposadament pensats per als bebès, com els sons blancs, no ofereixen les respostes esmentades i no ajuden el nen a fer aquests processos de creixement, ja que el bebè és massa petit per processar-ho. Els infants desitgen i necessiten el contacte i la relació amb les persones. En estudis actuals s'ha descobert que aquests mitjans potencien conductes d'aïllament que poden comportar conductes de risc de tipus autístic i/o la necrosi o mort de neurones del cervell del bebè, la qual cosa és realment seriosa perquè parlem d'infants en plena formació i evolució.

Per acabar aquest apartat, diríem que si us depassa una situació, pot ser recomanable buscar ajut. Si trobeu que us costa gestionar certes situacions de plor, o trobeu que el vostre fill no plora mai, només en moments extrems de dolor o malaltia, o inclús si us envaeix la tristesa i no trobeu moments de plaer i alegria quan esteu amb ell, consulteu el pediatre o un psicòleg, ja que en moments d'acompanyament de les primeres experiències de vida són molt

importants i convé no perdre de vista que cal viure-les amb plaer, per afavorir el desenvolupament i la felicitat del vostre fill i de vosaltres com a mares i pares.

BUSCANT RESPOSTES

El plor, tot i ser un senyal comunicatiu del nen, pot inquietar de forma excessiva, en especial les mares. L'excés de preocupació pel plor o per l'estat del bebè en general limita l'objectiu principal, que és ajudar a créixer el nen en la seva globalitat: pensar, sentir, viure...

En aquest sentit, convé plantejar-se quines poden ser les millors solucions per tal de trobar les ajudes més apropiades, especialment les mares, que es troben en situació límit i, en conseqüència, poden experimentar fins i tot un dolor psíquic.

Quan cal consultar:
- Quan et centres en el plor i només penses en les dificultats que comporta i, a més, constates que t'impedeix gaudir dels aspectes essencials de la relació amb el teu fill.
- Quan experimentes un sentiment d'impotència que molt sovint pot provocar una sensació o sentiment d'incompetència, o fins i tot ràbia o culpa.
- Quan sents que la fatiga et depassa i et genera gran desesperança.
- Quan tens sentiments agressius o de desesperació com a conseqüència dels plors constants.

Motius per consultar un professional:
- Em sento malament amb mi mateixa i amb els altres.
- Em sento inquieta i afligida pels sentiments que m'envaeixen.
- Ser mare em provoca records dolorosos de la pròpia infantesa i temo que al meu fill li passi el mateix.
- Sento molta tristesa perquè no entenc el plor del meu bebè.

- M'espanten les meves pròpies reaccions internes.
- Voldria comprendre millor el meu fill.
- Estic molt trista i cansada, només voldria dormir.

A qui consultar:

Si es tracta d'una primera informació de caràcter general podeu consultar el personal de pediatria o infermeria, anar al CDIAP (Centre de Desenvolupament i d'Atenció Precoç) o a l'especialista en psicologia perinatal.

Si penses que pots estar deprimida o et sents envaïda per certs sentiments, un psicòleg o psiquiatre és qui millor et pot ajudar. De tota manera, cal tractar el període perinatal de forma específica, com ja hem dit a pàgines anteriors.

Cal parlar-ne i sortir del silenci per prevenir altres dificultats o fins i tot una depressió.

EL JOC

Per: Àfrica Miquel

El joc és una activitat d'exploració, experiència, aprenentatge, plaer, relació… Entenent el joc com a activitat espontània, sense condicions, que fem lliurement i ens proporciona moments agradables. Podem afirmar que les persones juguem tota la vida i que poder jugar ens fa feliços. Per tant, a més, veure com juga el nostre fill i, encara més, jugar amb ell, ens farà gaudir també a nosaltres.

El tipus de joc que fan els bebès està condicionat per la seva edat, el seu grau evolutiu, el tarannà propi de cada bebè i l'estimulació de l'entorn, principalment.

El joc va molt lligat a les funcions emocionals, cognitives i motrius i també evoluciona.

En aquesta primera etapa el joc es basa en activitats més sensorials i espontànies (a través del moviment, el tacte, la vista, l'olor...), de descoberta de l'entorn i d'un mateix.

Més endavant, aproximadament als quatre mesos o quatre mesos i mig, a partir de coincidències atzaroses (movent les cames ha donat un cop a una joguina en repetides ocasions), es comencen a reconèixer petites seqüències d'acció-reacció, i a poc a poc l'infant pot anticipar i generalitzar que si toca una joguina farà algun soroll o moviment, o que la mare respon amb paraules i carícies la seva mirada, el seu somriure o els seus sons. L'evolució del nadó i de les seves capacitats dona pas a un joc en el qual cada vegada intervenen més processos: motricitat fina, motricitat gruixuda, repetició, memòria, intencionalitat, llenguatge, anticipació, representació (o funció simbòlica) i, de la mateixa manera, s'hi afegirà la funció social o relacional.

Moltes mares us pregunteu a partir de quan podeu donar joguines als vostres nens. Durant els dos primers mesos, el bebè no necessita joguines, només us necessita a vosaltres. Encara no presenta la maduresa suficient per pensar que vol agafar una joguina i poder-ho fer, però això no vol dir que no tingui interès per allò que hi ha al seu voltant, així que si li proporcioneu un entorn agradable amb una estimulació adequada, gaudirà jugant a descobrir amb els seus sentits. Així doncs, el joc principal del bebè en els primers temps de vida és anar descobrint el món a través vostre i anar estimulant els seus sentits. Si l'ajudeu a confiar que les seves demandes tindran una resposta adequada, que es pot sentir protegit, mirat i estimat, se sentirà segur i preparat per explorar, relacionar-se i jugar.

Aquesta estimulació dels sentits ha de ser suau, progressiva i plaent (sentir les carícies, escoltar la veu de la mare, menjar, observar alguna cosa que es mou, banyar-se...). L'infant anirà responent i aprenent, buscant la manera de repetir-ho, organitzant-se i estructurant-se. Per tant, n'hi ha prou amb la mare (o figura cuidadora) per jugar i rebre una estimulació adequada.

A mesura que vagi creixent i madurant, ja podeu començar a afegir més elements al seu voltant (més música, algun sonall, un mòbil al bressol perquè pugui observar colors vius, contrastos, moviment...). El bebè estarà més actiu durant més temps i serà més madur, per la qual cosa augmentarà també la interacció amb nosaltres més enllà de l'alimentació, la neteja, etc. i buscarà més activament la relació, de la qual gaudirà i n'aprendrà. També pot començar a passar estones jugant a terra, sobre una superfície tova però ferma.

Heu de tenir en compte que cada bebè és diferent i, a banda dels aspectes evolutius que aniran marcant el desenvolupament del joc, el tarannà propi de cada nadó també ho determina. Així doncs, hi ha bebès més actius i curiosos, d'altres més tranquils, i no sempre resulta fàcil trobar maneres o tenir idees de com jugar amb el vostre fill. Us podeu trobar diferents escenaris, com per exemple que tingui alguna dificultat o limitació física o sensorial, o que no mostri gaire interès o iniciativa perquè sigui un bebè molt passiu. A vegades també hi ha bebès molt irritables que només es calmen amb el pit o menjant i costa que estiguin tranquils i receptius per jugar.

També pot passar que us sentiu desbordades i no trobeu el moment o la manera de jugar amb el vostre fill, especialment quan és molt petit. En tot cas, podeu demanar consell o fer consulta a un professional.

Si observeu que el bebè no juga, no mostra curiositat per les coses, no explora objectes o l'entorn (amb la mirada) o no intenta agafar coses i ficar-se-les a la boca, estaria bé estimular-lo una miqueta i oferir-li les vostres mans perquè les explori i després oferir-li objectes, parlar-li, cantar-li, etc.

Si no sabeu com jugar amb el vostre fill, teniu dubtes que no sabeu si són importants o si us han de preocupar, demaneu consell professional. No sempre és fàcil saber què cal fer, en quin moment i com... A vegades l'absència de joc en un bebè pot estar indicant alguna dificultat.

PANTALLES!

Les pantalles formen part del nostre dia a dia (telèfons mòbils, tauletes, ordinadors, TV...) i des de fa un temps són una eina important també en l'oci dels nens. En general, es podria dir que s'ha de limitar, i molt, l'ús de pantalles en els nens. Mentre fan servir pantalles deixen de jugar a altres coses que els aporten molts més beneficis (estimular la imaginació, la relació amb pares i mares, la família o altres nens, la curiositat, la motricitat, l'aprenentatge, etc.). Amb les pantalles no aprenen a tolerar la frustració, a esperar, a potenciar la seva creativitat i autonomia a partir de l'avorriment... Així que no només és el que es perden mentre queden aïllats amb les pantalles, sinó que poden resultar poc estimulants per al seu desenvolupament.

En nens molt petits, s'hauria de limitar l'ús de pantalles completament. La millor estimulació, els millors companys de joc, com hem dit, sou vosaltres..

El nadó continua madurant quan neix: el seu cervell disposa de recursos com la neuroplasticitat i les neurones mirall que afavoriran la seva connexió neuronal contínua i necessària, per tal que el seus sentits (la vista, l'oïda, l'olfacte, el gust, el tacte i la propiocepció) vagin madurant i s'adaptin al nou espai fora del cos de la mare. Aquesta maduresa es dona amb la interacció entre mare i nadó, quan les respostes del nen son enteses per l'adult i afavoridores de repetició per part del nen.

El bebè ha d'integrar els estímuls que rep i per això necessita estímuls que vagin al seu ritme, és a dir, molt a poc a poc, captant la seva atenció amb la veu, parlant-li, cantant-li fluixet, trobant la seva mirada per tal que ens reconegui quan succiona, quan menja. És important afavorir que el nadó estigui pendent de l'acció que està fent i amb qui l'està fent, per afavorir conductes de vinculació i somriures.

A més, els bebès no poden processar i entendre què estan veient. Si es queden mirant fixament la pantalla, no és perquè els agradi molt o entenguin què passa, sinó que queden atrapats per unes imatges que han estat creades per generar aquesta atracció, però un bebè no pot fer-se'n càrrec. Reben una estimulació visual i auditiva que encara no saben interpretar. A més, aquesta sobrecàrrega sensorial pot resultar nociva per al seu desenvolupament cerebral. Hi ha uns períodes crítics del desenvolupament sensorial en els quals els sentits, per desenvolupar-se correctament, han de ser estimulats en el moment i amb la intensitat adequats. I evidentment, l'ús de pantalles és contrari al que necessita el bebè en aquests moments.

BUSCANT RESPOSTES

Quan cal consultar:

- Quan el teu fill no mostra els interessos propis d'un bebè, no mostra actitud curiosa i observadora cap a tu, cap a l'entorn.
- Quan no explora el seu cos, no juga amb les mans, no escolta la seva veu, no fa sorolls o no mira al seu voltant.
- Quan vols jugar amb ell, gaudir plegats i no saps com fer-ho, quan creus que hi ha un problema de comunicació.
- Quan el teu bebè no respon als teus estímuls, la teva veu, no et mira o no riu.
- Quan no gaudeixes o no gaudiu plegats.

Motius per consultar un professional:

- Veig al meu bebè absent, no sé com cridar la seva atenció.
- Si em pregunto: Com he d'estimular el meu fill? Puc jugar amb ell? Com es juga amb ell si és tan petit?
- Quan intento jugar amb ell plora o es posa nerviós. Ho estic fent bé?
- Em preocupo molt pel menjar, la salut, el son i no em queda espai per gaudir amb el meu bebè de moments tranquils, de joc, etc.
- Observo altres bebès i el meu és diferent o no em sembla normal el que fa.
- Veig altres mares que es relacionen amb el seu fill de manera diferent que jo, crec que ho fan millor.

A qui consultar:

Els teus professionals de referència, especialistes en pediatria o infermeria pediàtrica et poden ajudar i orientar. També als CDIAP (Centres de Desenvolupament i d'Atenció Precoç) podran ajudar-te si es detectés que hi ha algun problema.

EL NADÓ TÉ DIFICULTATS O NEIX AMB UNA DIVERSITAT FUNCIONAL O DISCAPACITAT

Per: Mercè Leonhardt

L'espera d'un fill pot tenir per a la mare, per a la parella, diversos significats, però en general té connotacions que suggereixen il·lusió, alegria, expectatives de futur i esperança. Els pares i mares formen una imatge interna del seu futur fill basada en un nen ideal. Aquesta imatge inclou si és nen o nena, el color de cabells i dels ulls, la seva intel·ligència...

Segons el Dr. Brazelton, «un primer embaràs és també, en particular, un desafiament per a la pròpia adaptació de la dona com a individu en equilibri amb si mateixa, amb les seves ansietats i les seves defenses». Durant l'embaràs, la futura mare realitza adaptacions i es prepara per a un dels rols més importants de la seva vida. No és d'estranyar el cúmul de sentiments, emocions i fantasies que es produeixen durant aquest període.

Brazelton assenyala que, a mesura que s'acosta el part, els desitjos i les pors de la mare augmenten i se centren en el fetus, que ella percep ja amb una personalitat pròpia i com a realitat independent molt abans que se separi d'ella.

Imaginar, d'una banda, un nen rodanxó, rosat, de mirada viva a través d'uns grans ulls, ros o moreno, somrient..., però, per altra banda, experimentar un fort temor que el nen no estigui bé, que presenti alguna malaltia, malformació o discapacitat, són visions comunes de les futures mares. Brazelton destaca la importància que tenen tots aquests sentiments, ansietats i emocions en la formació del vincle i en l'ajust personal com a mare. Així, aquestes forces, en lloc de ser destructives, es converteixen en una mena de tractament que ajuda a una reorganització interna de la mare.

A Tailàndia hi ha un costum ancestral que posa de manifest, gràficament, les expectatives de la mare durant l'embaràs i la unió amb una realitat. Així, quan les dones tailandeses saben que estan embarassades, compren una petita estàtua de fang que representa una mare amb el seu fill. Quan s'acosta el moment del part, llancen l'estàtua al riu. D'aquesta forma, la imatge del futur fill que la mare havia fet en la seva ment abans del naixement queda pràcticament destruïda.

Qual el nen neix sempre és diferent del nadó que havíem imaginat i les mares i els pares han de fer una adaptació al nen real. Hi ha nadons que poden presentar alguna dificultat per haver tingut problemes abans, durant o després del part. És un nen diferent, però que també espera ser estimat. Si així aquest és el cas, potser el seu ritme serà una mica més lent, diferent, però en les seves emocions i en els seus sentiments és i serà un nen com tots els altres.

Potser al principi requereix estar a l'hospital, perquè els metges necessiten fer-li proves per poder donar un diagnòstic i veure si necessita algun tipus de tractament. Són dies llargs i de preocupació per la incertesa que viviu, i en els quals és convenient pensar també com se sent el nadó, que està en un ambient diferent de l'esperat, però que el vostre amor i la vostra companyia l'ajudaran a voler anar endavant.

Les mares i els pares d'un nen amb diversitat funcional afronten la crisi més important en el moment en què se'ls comunica el diagnòstic. En aquesta primera crisi s'enfronten a una situació d'ansietat extrema, que es troba fora dels límits de qualsevol altra situació experimentada abans. Cap mare o pare no està preparat per tenir un fill amb una diversitat funcional. No està, per tant, ni emocionalment ni pedagògicament preparat per afrontar aquesta situació, per donar la benvinguda a un nen tan diferent a l'esperat, a l'ideal, al somiat durant tants mesos.

En aquests dies es pot sentir un gran pes al cor i al cap que no deixa pensar amb claredat i que confon els pensaments. Un membre de la parella acostuma ha estar més nerviós i trist que l'altre, que ha d'ajudar a pensar i posar paraules, perquè ho viu en aquests moments amb més calma. Tal com esmentarem en el tema del dolor, transitem pel dol quan vivim pèrdues importants de la nostra vida, però també hem de tenir present que les persones tenim ritmes diferents a l'hora de viure i assimilar sentiments dolorosos: uns poden anar més ràpid a manifestar-los i d'altres els viuen i expressen més endavant. Això ajuda a poder donar suport l'un a l'altre.

Hi ha mares que poden tenir la sensació que el nadó és estrany, sentir-se desvinculades i no tenir necessitat d'acaronar-lo, abraçar-lo i mirar-lo. Crisi de plor, irritabilitat, tancar-se en si mateixa en el propi dolor, pèrdues de gana i del desig de viure, insomni, confusió respecte a la pròpia identitat, desitjos de fugida en l'espai i el temps, sentiment d'una ferida profunda en l'autoestima...; són algunes de les reaccions més comunes que senten i pateixen les mares i els pares al principi i que, a poc a poc, poden anar assimilant i transformant en energies resilients o fortaleses per enfortir la família.

Però no podem perdre de vista, i hem de tenir en compte, que tots els nens tenen les capacitats emocionals de poder sentir i rebre el vostre amor i més endavant de poder mostrar com us estimen. No estalvieu, per tant, les carícies i abraçades, ja que les necessiten per créixer i desenvolupar les seves capacitats.

I si us sentiu desbordats pels sentiments negatius o massa confusos pel que esteu vivint, una consulta amb un professional especialitzat us pot ajudar a recuperar el benestar emocional i a generar recursos interns per fer front a les situacions emocionals en què us trobeu.

BUSCANT RESPOSTES

Atendre uns esdeveniments inesperats i difícils sobre el vostre fill que acaba de néixer requereix unes energies emocionals que poden depassar en certs moments una vida equilibrada, per les conseqüències que poden tenir i que un imagina, siguin o no reals.

A fi que no afecti excessivament el vostre món emocional i les vostres relacions, és convenient plantejar-se quan i com cal demanar ajuda professional.

Quan cal consultar:
- Quan la persona se sent envaïda per pensaments negatius, repetitius i continus que no aconsegueix combinar amb cap altre pensament.
- Quan s'experimenta sentiment d'impotència, que molt sovint provoca sensació de voler abandonar la lluita.
- Quan es té un intens sofriment psicològic.
- Quan es veuen afectades les relacions amb el bebè i amb els altres.

Motius per consultar un professional:
- Em sento malament amb mi mateixa i amb els altres.
- M'inquieta no poder dominar sentiments i pensaments que m'envaeixen.
- Sento una tristesa que m'anul·la com a persona.
- M'espanten les meves pròpies reaccions.
- Sento una ràbia que em desborda i gran confusió amb el que estic vivint.

- Sento que a vegades em descontrolo amb sentiments agressius.
- Voldria poder considerar les necessitats del meu fill i poder canviar la relació ambivalent que tinc amb ell.

A qui consultar:

Si es tracta d'una primera informació de caràcter general al pediatre, i també podeu anar a un CDIAP (Centre de Desenvolupament i d'Atenció Precoç).

Si penseu que podeu estar deprimits o us sentiu envaïts per certs sentiments, un psicòleg o psiquiatre és qui millor us pot ajudar. De tota manera, cal tractar el període perinatal de forma específica, com ja hem dit a pàgines anteriors.

Cal parlar-ne i sortir del silenci per prevenir altres dificultats o fins i tot una depressió crònica.

EL DOLOR PER LA PÈRDUA DEL BEBÈ

Per: Montserrat Monterde

En aquest apartat vull parlar-vos de les emocions, especialment per acompanyar-vos davant del dolor ocasionat per la pèrdua del bebè, per tal que pugueu evitar situacions traumàtiques o dols congelats.

Heu vist, al llarg d'aquest escrit, la vulnerabilitat i sensibilitat emocional durant el període d'embaràs i naixement del vostre bebè. El gran desig de convertir-vos en mares i pares amb una extraordinària il·lusió i esperança us pot fer sentir les persones més felices del món si tot va bé, o les més decebudes si es presenten problemes.

Quan el bebè no pot arribar a terme o bé es produeix la mort del nounat, l'estabilitat emocional anterior s'interromp brutalment amb una intensitat de ferida profunda, i és aleshores quan apareix el fill real en lloc del fill imaginat, el parlat, el desitjat. El vostre projecte de vida, d'expectatives i de somnis, s'esvaeix de cop.

La interrupció dramàtica i inesperada provoca a la mare un impacte catastròfic, amb un dolor profund i una incredulitat que alenteix i letargia el pensament, genera ansietat i inevitablement apareix la culpa: la mare se sent l'única responsable i l'única causant del seu dolor, també infligit al bebè.

El que sí que és cert és que cal adaptar-se a aquesta pèrdua a través d'un procés normal de dol, que consisteix en diferents etapes o fases progressives per les quals es passa abans de superar aquesta pèrdua i, en ocasions, amb emocions que se superposen entre elles.

La primera etapa comença quan es rep la notícia. L'impacte pot ser rebut amb tant dolor que la persona pot quedar uns moments en estat d'atordiment, desconnexió o incredulitat.

Cal sentir-se molt acompanyat per la parella, que en aquests moments pot ser de gran ajuda, ja que els seus sentiments han anat avançant paral·lelament a la concepció del bebè, i la seva sensibilitat i estima el porten a tenir sensació de buit, soledat, impotència... La comunicació entre ambdós ajuda a prendre consciència de la nova realitat.

La segona etapa travessa una fase d'anhel i recerca, contemplant el moment en el qual es pot anar fent a la idea irreversible de la pèrdua. Cal donar espai a l'enuig, la desesperació, la ràbia, la culpa, el desassossec, l'ansietat, l'enyorança, la tristesa... Són reaccions naturals davant la dificultat per acceptar el que ha passat.

Els homes o les parelles solen expressar sentiments de tristesa i de pèrdua, que se sumen a la dificultat de veure patir la mare, a qui ofereixen recolzament. Sovint reprimeixen les seves emocions per tal de poder-les sostenir, per por a no poder reconfortar la mare com els agradaria.

La possibilitat de parlar de com se sent cada membre de la parella i compartir els sentiments i les emocions pot ajudar a re-ajustar la relació i salvar divergències. Els problemes principals sorgeixen de les dificultats per acceptar que cada membre de la parella visqui la pèrdua a la seva manera i aconseguir entendre's amb les diferències d'ambdues persones, per finalment trobar les capacitats resilients de la mare i de la seva parella, amb bon suport familiar.

La pressió hormonal, que fins ara ajudava a créixer el bebè, també incideix sobre les vostres emocions: la vostra sensibilitat i el desig del bebè perdut pot incrementar-se durant uns dies, fins que el vostre cos es vagi recuperant i el malestar físic pugui donar espai a l'acceptació de la pèrdua.

Com més consciencia tingueu del vostre procés i dels sentiments que hi estan vinculats, més possibilitats teniu d'identificar i entendre les angoixes i les emocions de dolor i ràbia per poder adaptar-vos a la nova situació.

Tenir la possibilitat d'acomiadar-se del bebè i poder deixar constància de la vivència compartida és indispensable: l'heu buscat, rebut i sentit molt endins i present, té una identitat pròpia pel fet d'haver-lo pensat, desitjat, gestat, i segur que ja tenia nom.

Disposeu de molts records que us condueixen als millors moments de l'embaràs i que us poden connectar amb les il·lusions i emocions viscudes durant aquesta època, malgrat el desenllaç.

Qualsevol record (fotografies, robeta, petits peluixos, detalls significatius) que pugui fer ressò dels desitjos, il·lusions, afectes, expectatives i de l'experiència viscuda us ajudarà a donar significat a aquesta profunda pèrdua.

L'espai emocional, físic i espiritual és intransferible a un altre possible embaràs, igual que les circumstàncies conjunturals del moment.

És important no pensar en la substitució de la pèrdua, si més endavant hi ha un altre embaràs. Aquest no pot ser substituït.

El nou embaràs ha de tenir la seva història pròpia, la seva trajectòria pròpia, les seves circumstàncies particulars i emocionals, i no podeu pensar que, davant l'absència d'aquest nadó perdut, un altre bebè pot substituir-ne la identitat.

És cert que desitgeu tenir un bebè, però el més important aquí és que cada bebè sigui únic, amb la seva identitat pròpia i sense responsabilitats substitutives (ni en la vostra fantasia), ja que moltes vegades, existeix el desig de permanència del nen que ja no hi és i es perllonga en les responsabilitats del nou ésser a la seva arribada, la seva substitució. La vida del nou bebè ha de ser única i intransferible, amb les seves peculiaritats pròpies i sense càrregues substitutives ja abans de néixer.

La separació entre el bebè absent i el desitjat es pot portar a terme fent un bon acomiadament. Cal superar el procés de dol del bebè absent, posar les seves cosetes, detalls i fotografies a la "Capseta de Records", donant-li permanència a la seva identitat, a la vegada que podeu visualitzar amb tot l'afecte una experiència molt real que va existir.

A partir d'aquest esdeveniment, el bebè queda inscrit en la historia familiar. Després d'haver tingut un temps per integrar tot el que ha passat, s'entra a la fase de reorganització i resolució del dol.

Entenem per dolor físic el que tenim quan hem de lluitar amb malalties, mentre que el dolor emocional té un origen psicològic. En aquest cas, ambdós dolors estan presents.

El dol és el procés que ha de fer la persona per acceptar la pèrdua i poder dur a terme els canvis necessaris al seu món intern. Posar paraules facilita l'elaboració del dol i conforta la persona.

Per acabar aquest apartat, cal dir que no és fàcil superar una pèrdua com aquesta, sobretot durant els primers dies i setmanes. Però la necessitat d'anar avançant, el record de les parts gratificants de la pròpia experiència i la manera com pugueu elaborar la situació viscuda, si està ben entesa, ben assimilada, ben integrada i ben tractada, pot ajudar-vos a créixer.

BUSCANT RESPOSTES

És difícil trobar respostes al dolor emocional profund de la pèrdua quan falla la il·lusió, el projecte de vida i totes les expectatives dipositades. Però la vida continua i l'entorn de vida segueix amb vosaltres.

A poc a poc, el vostre cos i les intenses emocions de dolor es van ressituant mentre les pugueu compartir. En la mida que estigueu més predisposats a acceptar ajuda, aquesta us permetrà anar regulant els afectes.

La presència d'altres nens a casa pot facilitar el diàleg. Parlar amb claredat de la pèrdua els permet entendre els canvis a l'ambient i les intenses expressions de tristor. Els infants han de poder accedir al seu propi dol i vosaltres heu d'oferir-los la màxima consistència i garantia de vincle segur.

No hi ha una solució clara i diàfana. Les emocions es viuen subjectivament i cada membre de la família ha de trobar la manera més adequada de poder ressituar el seu sentiment de tristor, d'aquest profund dolor parlant-ho i compartint-ho.

Els grups de trobada amb altres pares i mares que han passat per les mateixes experiències solen ser de gran utilitat. Potser veieu que teniu recursos al vostre interior que desconeixíeu i que el dia a dia us ajudarà a explorar per trobar les vostres fortaleses.

L'elaboració del dol pot ser més o menys llarga en funció del temps que necessiti la mare i la família per adaptar-se a la nova situació.

La depressió pot fer-se present quan la persona no és capaç de posar paraules a allò que sent o que pateix, quan la tristesa, els pensaments intensos i persistents que la envaeixen romanen durant un temps excessivament perllongat.

Quan cal consultar:

- Quan sentiu molta culpabilitat.
- Quan us sentiu desemparades, deprimides i no observeu avenços després d'un temps prudencial.
- Quan us acompanya una idea pertorbadora que us immobilitza i us fa sentir sense recursos per gestionar les emocions.
- Quan sentiu vergonya o discriminació d'algun tipus i voleu amagar el conflicte perquè us costa comentar-ho.
- Quan l'ansietat i el dolor emocional no cessen malgrat la realitat i frenen la vostra capacitat d'evolucionar en el dia a dia.
- Quan teniu dubtes sobre la manera de plantejar-ho als fills, si en teniu, i quan no sabeu com ho poden estar vivint ells, en funció de les seves edats.

Motius per consultar un professional:

- El suport psicològic és necessari i especialment preventiu abans d'un nou embaràs i es recomana que s'ofereixi a totes les dones i a les seves parelles.
- Si amb els mesos l'ansietat, la ira, la desesperança i el desassossec no evolucionen és indispensable consultar un psicòleg especialista en psicologia clínica i, fins i tot, un professional de psiquiatria.
- Si teniu necessitat de sentir-vos entesos i escoltats davant d'un dol congelat, busqueu un especialista amb qui parlar-ne.
- Quan us resulta molt difícil trobar persones amb qui us sentiu còmodes i confiats, parleu-ho amb un professional extern al vostre entorn.

A qui consultar:

- La visita al ginecòleg o al metge qui os ha portat durant l'embaràs, us pot ajudar a entendre el que ha passat i pot-ser us pugui assessorar sobre el temps necessari per la recuperació del cos. També a ASSIR (Atenció a la salut sexual i reproductiva) podeu trobar respostes -veure Annex-.

- Si el vostre estat d'ànim de tristesa es perllonga excessivament i sentiu que us costa relacionar-vos amb serenitat i confiança, la consulta a un psicòleg us pot ajudar a identificar el patiment associat i/o la dificultat que no us permet avançar.

- De vegades el vostre CAP, a través de l'Assistenta Social, pot posar-vos en contacte amb espais generats d'ajuda mútua, on es porten a terme dinàmiques de grups amb persones que estan en situacions similars a les vostres A més podeu consultar al CESMA (serveis de Salut Mental per adults a Catalunya) -veure Annex-.

ANNEXES

CDIAP – Centres de Desenvolupament Infantil i Atenció Precoç a Catalunya

Actualment hi ha noranta-set Centres de Desenvolupament i Atenció Precoç (entre serveis i antenes) distribuïts per tot el territori català. Aquests serveis poden orientar i fer seguiment quan l'infant o la família presenten alguna dificultat o necessita suport en la criança. Segons on viviu trobareu el vostre centre de referència al que podeu demanar hora directament sense tràmits previs. En aquest enllaç trobareu tot el llistat de centres:

Directori de centres de desenvolupament infantil i atenció precoç (CDIAP). Departament de Drets Socials

CSMA – Centres de Salut Mental per a Adults a Catalunya

Si us trobeu amb la necessitat de rebre ajuda psicològica o emocional, podeu exposar la situació al vostre professional de referència en el Centre d'Atenció Primària (CAP) i us derivarà al Centre de Salut Mental que us correspon.

Atenció a la salut mental – Consorci Sanitari de Barcelona

ASSIR – Atenció a la Salut Sexual i Reproductiva

Les unitats ASSIR estan vinculades a l'atenció primària, hi trobareu una atenció especialitzada formada per professionals de l'àmbit de la llevadoria, ginecologia i obstetrícia, infermeria, psicologia i administració. Atenció a la salut sexual i reproductiva (ASSIR). Salut Integral Barcelona

Guia de prestacions SOM-PREMATURS 2023

Des de Som Prematurs han creat, també, una guia, orientada a recollir tota la informació necessària per tramitar les prestacions relacionades amb el naixement d'un nadó prematur.

https://somprematurs.cat/guia-de-prestacions-a-la-prematuritat/

GLOSSARI

- **Aferrament:** És la necessitat d'unió que un infant experimenta. Es tracta d'un impuls genètic que ve assenyalat per conductes de preferència, aproximació i benestar que un fill manifesta especialment a la seva mare des del naixement.

- **Ambivalència:** És una experiència emocional on s'experimenten sentiments o emocions contradictòries o conflictes interns respecte a una situació, una decisió, una persona... Aquesta sensació de tenir sentiments o pensaments oposats pot ser desconcertant i provocar una certa inseguretat o conflicte intern.

- **Ancestral:** Que té un origen molt antic.

- **Avis i àvies:** Situació de canvis de rols, de mares a àvies, de pares a avis. Es poden incorporar amb consciència i goig, amb indiferència, o amb neguit i lluita. Sigui quin sigui l'estil, cal una adaptació de tots plegats en els nous rols.

- **Bebè absent:** Aquell fill perdut, on cal fer un bon acomiadament, i recordar l'experiència amb identitat pròpia, a la vegada que cal visualitzar amb tot l'afecte una experiència molt real que va existir, quedant el bebè inscrit en la historia familiar. Després d'haver tingut un temps per integrar tot el que ha passat, s'entra a la fase de reorganització i resolució del dol, moment que ja es pot donar entrada a nous projectes.

- **Còlics:** Els còlics del lactant són un trastorn benigne que es diagnostica freqüentment. 1 de cada 4 nens pateix còlics durant els primers mesos de vida.

- **Conèixer:** Verb que guia la criança, doncs fa referència a l'acció d'aprendre o descobrir informació nova o coneixement sobre un tema o una persona, i a la vegada tenir una consciència, entendre i comprendre una cosa.

- **Crisi:** Enfrontar a una situació d'ansietat extrema, que es troba fora dels límits de qualsevol altra situació experimentada abans. No s'està ni emocionalment ni pedagògicament preparat per afrontar la situació.

- **Culpa:** És una emoció complexa que es produeix quan una persona creu que ha fet alguna cosa incorrecta o ha fallat de alguna manera en les seves pròpies normes morals o expectatives personals. Aquest sentiment pot ser poderós i pot tenir una influència significativa en el benestar emocional i relacional, i que fàcilment apareix en aquestes situacions vinculades amb la parentalitat.

- **Curiositat:** Si observeu que el bebè no juga, no mostra curiositat per les coses, no explora objectes a l'entorn (amb la mirada) o no intenta agafar coses i ficar-se-les a la boca, estaria bé estimular-lo una miqueta. A vegades l'absència de joc en un bebè pot estar indicant alguna dificultat.

- **Depressió prepart i postpart:** Afectació que es pot presentar a la mare i també al pare/parella. Durant l'embaràs i el part, la dona és més fràgil. Ha de fer front a molts canvis i a un grau d'estrès elevat. Preparar-se per ser mare és un procés psíquic molt intens. Amb l'arribada del bebè la mare es troba confrontada a un augment de responsabilitats i canvis en les condicions de vida i de treball. L'home també pateix una crisi d'identitat quan esdevé pare, vinculada al moviment emocional de la paternitat, al seu nou rol i a la responsabilitat que sent com a pare.

- **Deslletament:** Fins quan doneu el pit al vostre fill és una decisió que pot ser difícil. Algunes mares sentiu que la relació pot canviar o que esteu traient alguna cosa al vostre fill. Però el procés de deslletament, fet amb amor i acompanyant al bebè, no és traumàtic i promou el creixement quan es fa al moment i de manera adequada.

- **Diversitat funcional:** Terme alternatiu al de discapacitat.

- **Dol:** És el procés que ha de fer la persona per acceptar la pèrdua i poder dur a terme els canvis necessaris al seu món intern. Pot generar desequilibri físic, afectiu, cognitiu i existencial.

- **Dol congelat:** Es produeix un bloqueig emocional que perdura en el temps, doncs les emocions es poden sentir tan intenses que es pot tenir dificultat per processar-les i expressar-les.

- **Dolor emocional:** té un origen psicològic.

- **Dormir:** Quan el vostre bebè dorm, el seu cervell es desenvolupa i s'organitza, alhora que s'estableixen les bases dels aprenentatges i es creen records. La feina que fa d'adaptar-se a l'entorn, d'anar descobrint, de crear, integrar i elaborar informació que capta a través dels sentits. (Complementa aquesta informació el concepte *Ritme ultradià*).

- **Dos pares o dues mares:** Allò que ajuda al desenvolupament d'un infant són les funcions maternes i paternes, més enllà del gènere de la parella parental.

- **Embaràs:** És un moment de gran transformació física i emocional. La dona es prepara per una etapa que demana adaptació i comporta vulnerabilitat emocional.

- **Funció materna:** Desenvolupa l'instint d'estimar, d'escoltar, de sentir, d'acollir, aguantar i transformar el dolor de l'infant, cuidant i alimentant el delicat inici de la maduresa emocional.

- **Funció paterna:** És la fermesa, delinear límits, per tal de diferenciar la cura necessària de la font excessiva que no afavoreix el creixement mental i emocional; és la que ajuda i impulsa a l'obertura i exploració del món familiar i social, on cal esforç i renúncia d'un niu que embolcalla.

- **Germà:** L'arribada d'un germanet suposa una immensa alegria, però alhora suposa un munt de neguits i de pors. Per tant, aquesta ambivalència es fa patent en tots els estats d'ànim pels quals transita el vostre fill gran.

- **Hipersensible:** Nen que respon de forma més intensa i activa davant de certs estímuls, visuals, auditius, tactes, emocionals, etc.

- **Joc:** És una activitat d'exploració, experiència, aprenentatge, plaer, relació..., una activitat espontània, sense condicions, que fem lliurement i ens proporciona moments agradables. Va molt lligat a les funcions emocionals, cognitives i motrius i també evoluciona.

- **Maduració cerebral:** Quan es produeixen les connexions i el desenvolupament de les cèl·lules nervioses. L'alteració repetida dels patrons de son per exposició a estímuls externs excessius i inadequats pot posar en risc la maduració del cervell.

- **Microdespertar:** Apareix quan s'acaba una de les fases del cicle del son. Necessita despertar-se sovint per una qüestió de supervivència, ha d'assegurar-se que la mare i l'aliment estan sempre a prop.

- **Oxitocina:** Hormona que influeix en el procés del part, ja que és la que provoca les contraccions de l'úter i facilita el naixement del bebè i l'expulsió de la placenta, intervé en la inducció de l'amor maternal i en el reflex d'ejecció de llet.

- **Pantalles:** S'ha de limitar, i molt, en els nens. Mentre fan servir pantalles deixen de jugar a altres coses que els aporten molts més beneficis (estimular la imaginació, la relació amb pares o altres nens, la curiositat, la motricitat, l'aprenentatge, etc.). Amb les pantalles no aprenen a tolerar la frustració, a esperar, a potenciar la seva creativitat i autonomia a patir de l'avorriment... En nens molt petits, s'hauria de limitar l'ús de pantalles completament. La millor estimulació, els millors companys de joc són els pares i les mares.

- **Parentalitat:** És el rol i les responsabilitats que tenen els pares o cuidadors en l'educació, el creixement i el benestar dels seus fills o dependents. Aquest rol inclou diverses activitats i responsabilitats que ajuden al bon desenvolupament cerebral, emocional i social.

- **Part:** És un procés fisiològic i una experiència psicològica intensa i transformadora. Fisiològicament, el part s'estructura en les fases següents: pròdroms, dilatació, transició, expulsiu i deslliurament de la placenta.

- **Període de transició del son:** Al voltant dels 4 mesos, el son s'esdevé inestable i s'inicia un període de transició amb despertaments molt freqüents, en ocasions més freqüents dels que es produïen dels 0 als 3 mesos. Això succeeix perquè el nadó incorpora més fases de son i passa de tenir-ne de dues a cinc.

- **Períodes crítics:** En el desenvolupament sensorial, en el qual els sentits, per desenvolupar-se correctament han de ser estimulats en el moment i amb la intensitat adequats. Els tres primers mesos son crítics per excel·lència.

- **Permanència de l'objecte:** Els bebès no tenen cap concepte del món més enllà de les seves experiències. Per comprendre que els objectes segueixen existint fins i tot quan no es veuen, els infants primer han de desenvolupar una representació mental de l'objecte (record de la imatge de la persona que el cuida i l'estima). -Objecte amorós-, que cap al 6è mes ja es veuen indicis que això s'està desenvolupant.

- **Pit a demanda:** No només és respondre la sensació de gana, sinó també a calmar el seu malestar, fer-lo sentir segur en tant hi ha algú pendent d'ell. La lactància materna també pot estar subjecta a molta ansietat, preocupació o frustració perquè no sempre és fàcil, ja que el bebè (i les mares) esteu aprenent i perquè la producció de llet pot estar lligada a l'estimulació i la succió del bebè, així com també a factors biològics (ingesta de líquids, descans...) i emocionals de la mare.

- **Postpart:** És un període de molts canvis i adaptació a les noves necessitats de la mare i el nadó, en un moment especialment sensible i vulnerable emocionalment. Es considera un canvi d'etapa. Les circumstàncies habituals ja no seran les mateixes i la dinàmica de parella passa de dos a tres persones, amb les noves condicions d'establiment del vincle amb el bebè, de cura, d'atenció, amb renovació de les relacions i d'espais. La gran il·lusió per l'arribada del nadó, ajuda a assolir tots aquests canvis.

- **Prematuritat:** Un nadó prematur és aquell que neix abans de les 37 setmanes de gestació, però la combinació de l'edat gestacional i el pes es considera la millor fórmula per valorar la maduresa de l'infant al néixer.

- **Resolució del dol:** Es veu influït pel tipus de pèrdua, la manera com cada individu processa les seves emocions, el suport emocional disponible, i de com ha elaborat altres dols de la seva vida. Tot el procés pot durar entre 6 mesos i diversos anys. Serà el moment en el qual un podrà començar a reorganitzar la seva vida al voltant de la pèrdua o sense l'ésser estimat.

- **Retrobament:** Situació que es produeix després d'una separació, i que pot desenvolupar-se per diferents reaccions del vostre fill: pot plorar, mostrar alegria, voler venir amb vosaltres, enfadar-se, allunyar-se, girar el cap i desviar la mirada, voler anar amb la persona que l'ha cuidat o una barreja de tot l'anterior.

- **Ritme ultradià:** Durant els primers mesos, el seu cicle dia-nit no és de 24 hores (ritme circadiari), com nosaltres, sinó de 4 hores (ritme ultradià). A cada cicle voldrà fer tot el que fem nosaltres: dormir, menjar, fer pipi i caca, buscar afecte, interactuar, encara que siguin les tres de la matinada per a nosaltres.

- **Separació:** El nadó aprèn, per l'experiència, que sempre hi sou, que no el deixareu sol. En les demandes, per ell esperar una mica és separar-se. A mesura que el nadó ho va integrant, es pot anar allargant en el temps. Cada bebè és diferent i, per tant, la seva tolerància a l'espera o el seu neguit també pot ser diferent.

- **Transparència psíquica:** La capacitat de l'embarassada i de la dona en el postpart d'estar més en contacte amb els seus sentiments i la seva infància.

- **Vincle:** Un nus afectiu de sentiments entre mares (cuidadors) i fills, creat i mantingut a través de les interaccions recíproques amb la mare que el nadó va incorporant juntament a l'alimentació, i amb el desenvolupament de la visió, a l'audició, de la mirada, a la seva pell, la seva sensorialitat, les sensacions..., tots aquests aspectes es donen només si hi ha un vincle segur pel bebè, i és el punt de partida de la seva existència com a ésser, com a "persona". Marca el reconeixement a l'amor de la mare, per la dedicació i per les satisfaccions que n'ha rebut; per tant, es tracta d'una afecció adquirida.

iniciativa catalana per l'assistència
integral del nadó i la família

www.nadocat.org

Printed in Great Britain
by Amazon

37769853R00066